Dorothea Engel-Ortlieb

Perfekt im
Office

Moderne
Büroorganisation
für Profis

UEBERREUTER
WIRTSCHAFT

Die Deutsche Bibliothek – CIP-Einheitsaufnahme

Engel-Ortlieb, Dorothea:
Perfekt im Office : moderne Büroorganisation für Profis ;
Aufgaben bündeln, Abläufe optimieren, Ablage strukturieren /
Dorothea Engel-Ortlieb. -
Wien/Frankfurt : Wirtschaftsverlag Ueberreuter, 2001
ISBN 3-7064-0749-3

Unsere Web-Adressen:

http://www.ueberreuter.at
http://www.ueberreuter.de

S 0634   1 2 3 / 2003 2002 2001

Alle Rechte vorbehalten
Umschlag: INIT, Büro für Gestaltung, Bielefeld
unter Verwendung eines Bildes der Bildagentur *ZEFA*; Düsseldorf
Copyright © 2001 by Wirtschaftsverlag Carl Ueberreuter, Wien/Frankfurt
Druck: Landesverlag Druckservice, Linz
Printed in Austria

Über die Autorin

Dorothea Engel-Ortlieb hat sich als Beraterin und Trainerin auf die Optimierung von Büroabläufen spezialisiert. Ihre Beratungsagentur nennt sie „Bürofreude". Nach kaufmännischer Ausbildung und Auslandsaufenthalt arbeitete sie im Chefsekretariat eines internationalen Konzerns. Es folgte – nach dem Abendabitur – ein sprachwissenschaftliches Studium an den Universitäten Berlin und Konstanz (Staatsexamen und Promotion zum Dr. phil.) mit anschließender Universitätslaufbahn. Seit 1990 arbeitet sie als Dozentin für Wirtschaft und Sprache, seit 1998 als Beraterin und Trainerin für Ablauforganisation – Büro.

Inhalt

Vorwort 11

1 Was ist ein Büro? 13

1.1 Zwei Bereiche 13
1.2 Bausteine fürs Büro 16

2 Arbeitsplatz 17

2.1 Angenehm soll er sein, der Arbeitsplatz! 17
2.2 Das Wichtige in Reichweite 18
2.3 Neue Trends am Arbeitsplatz 20
2.4 Checkliste: Mein Arbeitsplatz 23

3 Posteingang 25

3.1 Tageswert: Entscheiden in 5 Minuten! 25
3.2 Prüfwert: Aufbereitung 26
3.3 Prüfwert: Sofortaufgaben 27
3.4 Elektronische Post 28
3.5 Checkliste: Die Post ist da 30

4 Termine 31

4.1 Terminkalender 31
4.2 Termine setzen 32
4.3 Termine abstimmen 34
4.4 Checkliste: Achtung Termin! 36

5 Terminmanagement 37

5.1 Schritt für Schritt zum Tagesplan 38
5.2 Wiedervorlage 51
5.3 Jeder plant auf seine Weise 54

6 Elektronisches Terminmanagement 57
6.1 Lotus Organizer & MS Outlook 57

7 Störungen 67
7.1 Störfaktoren und Lösungen 67
7.2 Ab und zu auch „nein" sagen können 73
7.3 So klappt's mit dem Chef 74

8 Selbstmanagement 77
8.1 Erfolgreich sein 77
8.2 Verantwortung übernehmen 79
8.3 Berufliche und private Ziele im Gleichgewicht ... 82

9 Tagesablauf 85
9.1 Wo bleibt Ihre Arbeitszeit? 85
9.2 Wenn Sie nicht da sind 90

10 Sitzungen, Meetings, Konferenzen 93
10.1 Gut begonnen ist halb gewonnen 93
10.2 Pünktlich, kurz und wirkungsvoll 97
10.3 Ende gut, alles gut 99

11 Gute Briefe 101
11.1 Businesslike 101
11.2 Der eigene Stil 102

12 Ablage 107
12.1 Registratur 107
12.2 Aktenführung 111
12.3 Ordnungsweisen 114
12.4 Checkliste: Ordnung macht erfolgreich 120
12.5 Gesetzliche Aufbewahrungsfristen 121

13 Dokumentenmanagement ... 129

13.1 Aktenplan ... 129
13.2 Papier oder PC? ... 136

14 DMS, Dokumenten-Management-Systeme ... 143

14.1 Was allen gemeinsam ist ... 143
14.2 Dokumenten-Management-Systeme:
ELO, Windreem & CESAR ... 146
14.3 Was ist Workflow? ... 152
14.4 Informations-Management-Systeme:
OCTOOffice & DOCAKTE ... 153
14.5 Rechtliche Grundlagen ... 158

15 KVP im Büro ... 161

15.1 Erst die Ordnung, dann die Organisation ... 162
15.2 Auf dem Weg zum Profi ... 164

16 Freude an der Arbeit ... 165

Arbeitshilfen ... 167

Aufgabenliste ... 167
Störprotokoll ... 168
Meine Störzeiten ... 169
Meine Erfolgsaufgaben ... 170
Wo bleibt meine Arbeitszeit? ... 171
Planung von internen Veranstaltungen ... 172

Muster-Aktenplan ... 173

Literatur ... 178

Register ... 180

Vorwort

Büro organisiert sich schon irgendwie, sagen die einen, und überladen weiterhin ihren Schreibtisch mit Akten. Was ist ein professionelles Büro, fragen die andern. Ich meine, ein professionelles Büro ist planvoll organisiert. Die Vorausplanung der Ereignisse, die Überschaubarkeit der Arbeitsschritte, die Nachbereitung der Ergebnisse bringen Ordnung und Ruhe in den Arbeitstag. Das schafft Professionalität.
Dieses Buch möchte Sie anregen, den Organisationsort „Büro" neu zu überdenken, und einige wenige Grundprinzipien professioneller Büroarbeit verdeutlichen: Aufgaben bündeln, Abläufe optimieren, Aufbewahrung strukturieren.
Wenn Sie Veränderungen suchen und Ihr Office umgestalten möchten, beginnen Sie mit kleinen Schritten, und wenn Sie Spaß daran gefunden haben, krempeln Sie den ganzen Laden um. Denn Ordnung macht erfolgreich!
Ich wünsche Ihnen viel Freude beim Lesen und – auf zur Tat!

Dorothea Engel-Ortlieb

1 Was ist ein Büro?

Qualität erfasst das Büro. Büroabläufe werden neu durchdacht, geordnet, organisiert. Wie mache ich das? Wo finde ich was? Aber haben Sie sich einmal gefragt, was ein Büro eigentlich ist? Was da passiert? Oder sprechen Sie vom Office, um klarzustellen, dass Sie professionell und modern arbeiten?

Hektisch geht es meist am Schreibtisch zu. Hier „landen" die Informationen aus aller Welt. Sie treffen als Brief, E-Mail oder Fax schriftlich ein und mündlich als Telefonat, Voice-Mail oder im persönlichen Gespräch. Und das unaufhörlich, oft gleichzeitig. Wohin damit?

Ihre Aufgabe ist es, Vorgänge zu bearbeiten. Aber auch Vorgänge entwickeln sich nicht geregelt. Vorgang 1 beginnt gerade, Vorgang 3 ist schon fast fertig, Vorgang 4 erfordert Rücksprache, Vorgang 8 wartet auf Nachricht, Vorgang 5 ist nichts geworden, Vorgang 2 reklamiert, Vorgang 7 kenne ich nicht, Vorgang 6 hat zugesagt. Und alles sofort. Wie soll das gehen?

Wo bleibt hier die Systematik?

1.1 Zwei Bereiche

Büro besteht aus Bausteinen, die auf zwei Bereiche verteilt sind: den dynamischen und den statischen Arbeitsbereich.

Dynamischer Arbeitsbereich

Der dynamische Bereich Ihres Büros liegt rund um den Schreibtisch mit Platzablage für die Vorgangsakten. Dort befinden sich die dynamischen Akten. Hier muss es schnell gehen, alles muss griffbereit sein. Hier werden die Entscheidungen getroffen. Ohne eine gute Platzablage im Schreibtisch sind Sie nicht schlagkräftig. Ganz gleich wie Ihr Arbeitsplatz aufgebaut ist: als Schreibtisch mit Container oder als Schreibtisch mit Caddy, die moderne Alternative des mobilen Büros. Dazu unentbehrlich PC, Laptop oder Workstation:

Bausteine des dynamischen Arbeitsbereichs

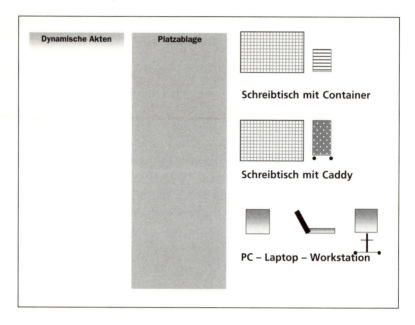

Statischer Arbeitsbereich

Im statischen Bereich ruht die Ablage. Nicht minder wichtig, auch aufgrund der gesetzlichen Aufbewahrungsfristen. Um hier agieren zu können, benötigen Sie eine Bereichsablage, eine Altablage und ein Archiv. Informationen, die hier zur Verfügung stehen, werden kaum noch verändert – und sie werden immer seltener gebraucht.

Bausteine des statischen Arbeitsbereichs

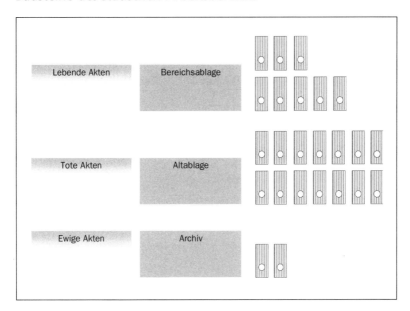

Unterscheiden Sie zwischen:

Akten	Ablage	Bereich
♦ **dynamischen Akten** Zugriff mehrmals täglich	**Platzablage** im Schreibtisch oder neben dem Schreibtisch	*dynamischer Bereich*
♦ **lebenden Akten** Zugriff mehrmals wöchentlich	**Bereichsablage** im Arbeitsbereich	*statischer Bereich*
♦ **toten Akten** warten auf das Ende der Aufbewahrungsfrist. Danach werden sie vernichtet. Zugriff selten	**Altablage** in Nebenräumen	
♦ **ewigen Akten** dienen der Dokumentation	**Archiv** im Tresor	

1.2 Bausteine fürs Büro

Was ist gut, was lässt sich verbessern?

	Zentrale Schaltstellen	Ihr Büro
1	Wie sieht Ihr **Schreibtisch** aus? Sehen Sie Verbesserungsmöglichkeiten? Ideal: ein leerer Schreibtisch	
2	Haben Sie eine **Platzablage**? Was befindet sich darin? Wie ist sie organisiert?	
3	Nutzen Sie eine **Wiedervorlage**? Wie handhaben Sie diese? Pultordner, Hängemappen, Stehmappen?	
4	Wie ist Ihre **Bereichsablage** aufgebaut? Ordner? Hängeregistratur? Regale? Schränke? Wie viele?	
5	Wo befindet sich die **Altablage**? In welchem Zustand ist diese? Kartons, Kisten, Gerümpel? Keller, Kabuff?	
6	Gibt es ein **Archiv**? Für die ewigen Akten? Was ist da drin? Wer führt es? Tresor?	

2 Arbeitsplatz

2.1 Angenehm soll er sein, der Arbeitsplatz!

Gestalten Sie Ihren Arbeitsplatz so, dass Sie gut und angenehm arbeiten können: keine langen Laufwege, ungestörter Arbeitsfluss, gute Atmosphäre! Dekorieren Sie Ihren Arbeitsplatz nach Ihrem Geschmack, damit Sie sich wohl fühlen.
Mehr als das Telefon, Notizblock mit Stift und den Terminkalender benötigen Sie auf Ihrem Schreibtisch nicht! Alle Utensilien (Schere, Taschenrechner, Locher, Hefter, Stifte usw.) befinden sich im Schreibtisch. Das Telefon steht möglichst links auf Ihrem Schreibtisch, damit Sie rechts mitschreiben können, ohne den Hörer zu wechseln (bei Linkshändern umgekehrt!). Den Terminplaner haben Sie an markanter Stelle ausgelegt, damit er immer einsehbar ist. Und natürlich gibt es einen großen Papierkorb!

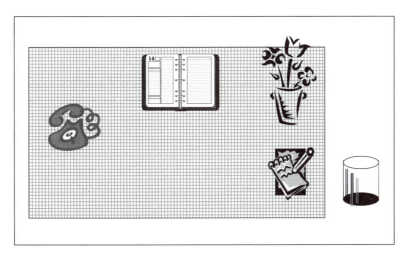

So beginnt die Arbeit!

> *Der Arbeitsplatz eines Nobelpreisträgers:*
>
> Hamburger Abendblatt vom 1. September 2000:
>
> „Nicht einmal zehn Schritte hinter einer Glastür befindet sich das helle Arbeitszimmer. Durch vier große Fenster dringen vereinzelte Sonnenstrahlen. Auf der fünf Meter langen Fensterbank stehen u. a. eine Weltuhr, fünf vertrocknete Rosen und Versteinerungen. Der Forscher liebt die Berge. An der Stirnwand befindet sich der Arbeitsplatz. Er ist aufgeräumt. Darüber thront eine dicke chinesische Figur, in der linken Hand ein Rotstift."

2.2 Das Wichtige in Reichweite

Die Hängeregistratur des Schreibtisches ist eine ideale Platzablage für Ihre dynamischen Akten. Darin sind die Vorgänge, die Sie zu bearbeiten haben. Auch Unterlagen (Nachschlagewerke, Infomaterial) oder Arbeitsmappen wie „Lesen", „Chef", „Telefonieren", die Sie für Ihre dynamischen Aufgaben benötigen, sind dort gut untergebracht. Worauf Sie sonst noch direkt zugreifen, kann auch direkt neben dem Schreibtisch auf einem Beistelltisch oder Sideboard liegen. Wichtig: Ein Griff genügt! Sie müssen nicht aufstehen.

Was Sie weniger häufig benötigen, bewahren Sie im Arbeitsbereich auf: im Regal oder Schrank. Sollten Sie Ihre Nachschlagewerke wie den DUDEN, Telefonbücher oder Gesetzestexte auf CD-ROM einsetzen, dann sind Sie fein raus!

Die Aufstellung des PC richtet sich nach den Vorschriften der Bildschirmarbeitsplatzverordnung (siehe Tipp: So steht Ihr PC richtig!).

Übrigens

Brauchen Sie wirklich diese vielen Ablagekörbchen auf Ihrem Schreibtisch? Nur für Posteingang – als IN-Box – und Postausgang – als OUT-Box – sind sie wirklich wichtig! Körbchenberge für „Erledigen" oder

"Ablage" oder "Projekt" werden gern aufgehäuft. Sind sie wirklich praktisch? Warum nicht eine Hängeregistratur im Schreibtisch dafür einrichten? So können Sie Ihre Unterlagen übersichtlich anordnen und direkt darauf zugreifen. Der Blick ist frei für die aktuelle Arbeit auf dem Schreibtisch. Und das Ganze sieht zudem sehr professionell aus!

Zugriff im Schreibtisch, neben dem Schreibtisch und im Arbeitsbereich

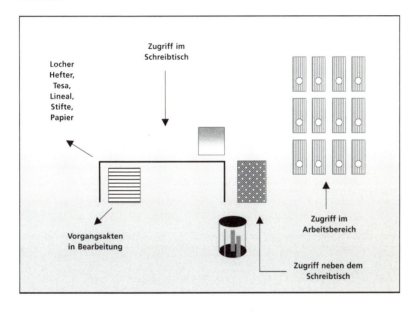

So steht Ihr PC richtig!

♦

Das Bundesministerium für Arbeit und Sozialordnung gibt – gegen eine geringe Schutzgebühr – eine CD mit Selbsttest für den Bildschirmarbeitsplatz heraus. Bestellnummer: A176. Schicken lassen unter: www.bma-bund.de

Office für Kinder

◆ Das Young Office für Kinder – ganz nach dieser Systematik ausgerichtet – präsentiert: www.moll-system.de

2.3 Neue Trends am Arbeitsplatz

Mobilität und Flexibilität kennzeichnen das Büro der Zukunft. Das drückt sich auch in der Gestaltung des Arbeitsplatzes aus.

Das mobile Büro

Das mobile Büro ist voll im Trend: Alles rollt: der Schreibtisch, der PC, der Caddy. Im Falle des nächsten Umzuges – auch innerhalb des Hauses – können bis zu 50 % der Umzugskosten eingespart werden. Zum mobilen Büro gehören innovative Arbeitsumgebungen. Das Herzstück ist die Zone für Kommunikation und Interaktion rund um die Piazza (mit Cafébar und Stehtischen). Man hat errechnet, dass 80 % der Innovation im Unternehmen auf Kommunikation und Interaktion zurückgehen. Dieses Potential soll genutzt werden. Es folgen die Zonen für Aktivität und Arbeit und Rückzugs- und Ruhezonen zum Nachdenken und zur Entspannung.

Kein fester Arbeitsplatz

Nicht jeder Mitarbeiter und jede Mitarbeiterin hat im mobilen Büro (noch) einen eigenen Schreibtisch. Man hat errechnet, dass von 100 Mitarbeitern im Durchschnitt nur 70 anwesend sind, sei es, dass sie Außentermine wahrnehmen, dass sie an Konferenzen teilnehmen, sich fortbilden, dass sie Urlaub machen oder krank sind. Der Trend geht also dahin, nur so viele Schreibtische zur Verfügung zu stellen, wie auch benutzt werden. Das spart Raum- und Materialkosten.

Schreibtische haben Rollen, so sind sie flexibel verwendbar und stehen auch einmal für eine Diskussionsrunde zur Verfügung. Der PC wird bei Bedarf an den Schreibtisch angerollt. Bei Arbeitsende wird eingepackt und aufgeräumt. Der nächste Kollege erwartet einen leeren Schreibtisch. Für einige Arbeiten kann der Schreibtisch ganz entfallen. Man arbeitet dann an einer Workstation.

Im Büro der Zukunft gibt es – gerade wegen der hohen Anforderungen an Mobilität und Flexibilität – auch Privacy, Rückzugszonen mit Spind für Kleider, eine Dusche, ein Waschbecken mit Spiegel und eine Bettcouch zum Ausruhen.

Der Caddy

Was ist ein Caddy? Das moderne Möbelstück für die Platzablage! Ein Caddy wird neben den Schreibtisch gerollt. Er ist entsprechend hoch gebaut, sodass sich darauf im Stehen gut arbeiten lässt, z. B. mit dem Laptop. Schlagzeile: „Rollschrank wird zum Schreibtisch". Er wird von vorn oder von der Seite geöffnet. Das Innenleben besteht aus Utensilienschublade, Ordner- oder Laptop-Fach sowie Hängeregistratur, also durchaus dem Schreibtisch-Container vergleichbar, hat aber ein größeres Fassungsvermögen. Caddys werden einem Schreibtisch oder einer Workstation flexibel zugeordnet. So entstehen mobile Arbeitsplätze. Wo ein Arbeitsplatz frei ist, wird angedockt.

Caddys passen gut in so genannte Cockpits, winzige Einzelarbeitsplätze von 7,5 Quadratmetern, verglast für den Sichtkontakt. Das Besondere: Caddys tragen Namensschilder. Sie sind der persönliche Besitz eines Mitarbeiters, bleiben auch während dessen Abwesenheit verschlossen. Caddys haben einen eigenen Posteinwurf. Der Büronomade – dem Vokabular der Wüste entlehnt –, der nur einmal wöchentlich ins Office kommt oder sonst viel unterwegs ist, holt dann seinen Caddy aus der Caddy-Garage, rollt ihn an einen freien, mobilen Schreibtisch, hängt Jackett oder Blazer über die Caddy-Stange, schließt sich über eine Docking-Station ans Netz an und los geht's!

22 Arbeitsplatz

Wie sieht das Büro der Zukunft aus?

www.office21.de
www.iao.fhg.de
www.oic.fhg.de

Pressestimmen:

Das Büro der Zukunft hat Rollen
Der Bürostuhl der Zukunft ist eine Liege
Das Büro der Zukunft: ein Rollschrank und ein Stuhl
Jeden Tag einen neuen Arbeitsplatz

Mobiler Arbeitsplatz mit Schreibtisch, PC und Caddy

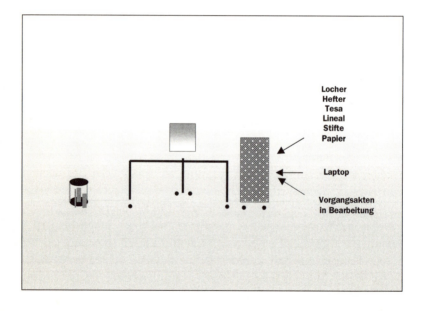

Aufgefallen auf der internationalen Orgatec in Köln:

◆

www.roesch-office.de mit schönen Caddys
www.schaerf-office.com mit modernen Chefmöbeln
www.swedstyle.se mit originellen Steh- und Schreibtischen
www.werner-works.de mit dem Programm Clicx.
Dazu der erste Mobile-Media-Container, ein Caddy mit integriertem Laptop auf Arbeitshöhe für die absolute Mobilität im Office.
Für den Laptop im Auto einen Car-Adapter: Strom kommt über den Zigarettenanzünder!
Schöne neue Welt!

2.4 Checkliste: Mein Arbeitsplatz

Wie sieht Ihre Lösung aus?

	Die Schwachstellen:	Die Lösung:
1	Wenn Sie morgens ins Büro kommen, liegen schon jede Menge Faxe, Briefe, Unterlagen auf Ihrem Schreibtisch bunt verstreut.	
2	Sie suchen oft Unterlagen oder Vorgänge, besonders bei eiligen Telefonaten?	
3	Sie werden bei der Arbeit am Bildschirm geblendet.	
4	Locher, Hefter oder Schere müssen Sie ständig suchen. Jeder bedient sich!	
5	Auf Ihrem Schreibtisch stapeln sich ständig Aktenberge, oft wochenlang.	
6	Sie mögen Ihren Schreibtisch nicht.	

3 Posteingang

3.1 Tageswert: Entscheiden in 5 Minuten!

Machen Sie den Posteingang nicht so nebenbei. Betrachten Sie ihn als eine in sich abgeschlossene Arbeitsroutine, die am Stück abgearbeitet wird, und zwar Schritt für Schritt. Ganz nach der Devise: Aufgaben bündeln, Abläufe optimieren. In manchen Firmen gibt es eine, in anderen bis zu drei Posteingangsroutinen. Lassen Sie sich Zeit! Es macht Spaß, gut informiert zu sein. Und so geht's:
Alles, was Ihren Posteingang erreicht, ob Schriftstück (Papier) oder Dokument (PC), also Brief oder Fax oder E-Mail, bearbeiten Sie in einem festen Arbeitsgang, für den Sie sich täglich Zeit reservieren: Sie lesen quer und entscheiden, was damit zu tun ist. Dafür benötigen Sie pro Schriftstück oder Dokument – und sei es noch so lang – höchstens fünf Minuten; denn Sie müssen nur entscheiden:

- sofort wegwerfen?
- sofort weitergeben?

Tageswert

Zum Wegwerfen steht der Papierkorb griffbereit. Zum Weiterleiten gibt's den Ausgangskorb. Das machen Sie sofort, das brauchen Sie nicht aufzuschieben oder erst mal zur Seite zu legen. Mit eingescannten Dokumenten verfahren Sie entsprechend.

Ich kann mich nicht entscheiden!

Das passiert mit Zeitschriften, Katalogen, Infos, Einladungen, die man nicht wegwerfen möchte, man könnte sie ja noch brauchen! Da hilft eine Wegwerffrist. Die kann je nach Schriftstück zwischen einer Woche und drei Monaten liegen. Ist die Frist abgelaufen und Sie haben die Unterlagen nicht benötigt oder keine Zeit zum Lesen gehabt, dann ab in den Papierkorb. Mit der Zeit werden Sie entscheidungsfreudiger.

3.2 Prüfwert: Aufbereitung

Haben Schriftstücke die Hürde genommen und sind sie es wert, bearbeitet zu werden, so werden sie jetzt aufbereitet.

- sofort bearbeiten?   **Prüfwert**
- sofort auf Termin legen?

Während des Lesens bereiten Sie die Schriftstücke vor:

- Sie markieren interessante Textstellen
- Sie notieren wichtige Termine
- Sie informieren sich und andere durch Randnotizen
- Sie kennzeichnen mit Kürzeln wie A (= Ablage) oder R (= Rücksprache)

Nach dem Lesen ergänzen Sie Ihre Vorgangsakten:

- Ein Auftrag ist eingegangen, Sie fügen das Angebot bei
  Wiedervorlage (siehe Kapitel 5.2) bereinigen, wenn auf Termin
- Die Stellungnahme des Vertriebs zu einer Reklamation ist eingetroffen
  Wiedervorlage bereinigen, wenn auf Termin
- Eine Rechnung ist eingegangen, Sie vergleichen mit der Bestellung

Chefsekretariat

Wenn Sie in einer Sekretariatsfunktion arbeiten, so ist die Postbesprechung mit Ihrem Chef, Ihrer Chefin an dieser Stelle gut platziert. Das Chefgespräch ist Teil der Posteingangsroutine. Hier wird über weitere Vorgehensweisen entschieden, werden gemeinsam Termine abgestimmt.

3.3 Prüfwert: Sofortaufgaben

Handeln Sie bei der Postbearbeitung sofort! Teilaufgaben sofort abschließen und umfassende Arbeiten sofort terminieren ist der Schlüssel zum reibungslosen Arbeitsablauf. Genießen Sie es, in kurzer Zeit so viel wie möglich vom Tisch zu bekommen:

- sofort bearbeiten?
- sofort auf Termin legen?

Prüfwert

Sofortaufgaben können sein:

- **Telefonieren**
  kurze telefonische Klärung von Sachverhalten

- **Terminieren**
  feststehende Termine im Terminplaner notieren
  Aufgaben in die Aufgabenliste übernehmen
  Unterlagen für die Wiedervorlage aufbereiten

- **Abstimmen**
  mit Kollegen, Kollegin oder Chef, Chefin auf Zuruf

- **Nachschlagen**
  Vergleiche ziehen, Begriffe klären, sich informieren

Brauchen Sie zum Lesen mehr Zeit, dann legen Sie auch die Lesearbeit auf Termin. Lesen, sich informieren, Bescheid wissen ist eine wichtige Aufgabe und Teil der Bearbeitung. Wollen Sie Zeitschriften im Ganzen aufbewahren, ist es geschickt, im Inhaltsverzeichnis den entsprechenden Artikel zu kennzeichnen. Oder Sie kopieren die passenden Seiten und legen eine thematische Dokumentation an, als Ordner oder als Mappe.

Übrigens

Schnelligkeit plus Zuverlässigkeit signalisiert Professionalität.

3.4 Elektronische Post

Die schnellste schriftliche Nachricht

Das ist die E-Mail, die elektronische Post. Sie ist so schnell, dass sie ständig ankommt! Wie also den Posteingang per E-Mail behandeln? E-Mails gehören – wie alle anderen Schriftstücke und Dokumente – zur Posteingangsroutine.

Auf den Inhalt kommt es an

Haben E-Mails Tageswert oder Prüfwert? Die Antwort ist: „Das kommt auf den Inhalt an!" Inhalte, die dem Tageswert entsprechen: kurze Notizen, Erinnerungen, Infos, Grüße, Terminabsprachen usw. werden sofort erledigt und dann gelöscht. Werbung wird ungeöffnet gelöscht. Unbekannte E-Mail-Anhänge, die ILOVEYOU und andere Viren verbergen, werden auch ungeöffnet gelöscht!
Hat der Inhalt Prüfwert, z. B. die Bitte um Demomaterial, eine Anfrage u. Ä., fällen Sie die Entscheidung: „Sofort bearbeiten" oder „Sofort auf Termin legen" wie bei allen anderen Schriftstücken und Dokumenten des Posteingangs auch.

Nicht alle E-Mails müssen Sie ausdrucken

E-Mails müssen Sie nicht ausdrucken, um sie zu bearbeiten. E-Mails mit Prüfwert können Sie bei Bedarf ausdrucken und zum entsprechenden Vorgang ablegen, soweit Sie mit Papier arbeiten.

So kommen Ihre E-Mails bereits im richtigen Ordner an:

Um schon beim Posteingang den Überblick zu behalten, können Sie Ihre elektronische Post bereits beim Eintreffen in bestimmte Ordner umleiten, die Sie z. B. unter Outlook eingerichtet haben: Kunden, Projekt A, Chef, Privat etc. So lässt sich sofort die Spreu vom Weizen trennen und Ordnung in die E-Mailflut bringen. Vor allem können Sie dann alles gebündelt bearbeiten. Und so geht's:

- MS Outlook
- Menüleiste Extras
- Posteingangs-Assistent
- Button „Hinzufügen"
  Es erscheint die Maske „Eigenschaften"
- „Bei Eintreffen einer Nachricht Von: ..."
  Ausfüllen: (z. B.) a.matt@gmx.de
- „Verschieben nach Ordner ..."
  Ausfüllen: (z. B.) Projekt A
- OK

E-Mails von Absendern, die nicht auf diese Weise gekennzeichnet sind, erscheinen automatisch im Ordner „Posteingang".

Professionelle E-Mails

-
Nancy und Tom Flynn, Professionelle E-Mails, Ueberreuter, 1999

3.5 Checkliste: Die Post ist da

Wie sieht Ihre Lösung aus?

	Die Schwachstellen:	Die Lösung:
1	Sie drucken morgens erst mal alle E-Mails aus. Ihr Chef, Ihre Chefin möchte das so.	
2	Sie legen Ihrem Chef die gesamte Eingangspost zur Durchsicht vor. Er sortiert selbst aus. Dazu benötigt er täglich 1 Stunde.	
3	Unterlagen, die Sie nicht betreffen, leiten Sie an interessierte Kollegen weiter, das hat aber Zeit.	
4	Wenn Sie den Posteingang erst einmal durchgesehen haben und wissen, was so passiert ist, durchforsten Sie die Unterlagen nach wichtigen Terminen.	
5	Sie machen den Posteingang, wenn mal Zeit ist. Das kann also dauern.	
6	Sie wissen, wo alles liegt. Das genügt.	

4 Termine

4.1 Terminkalender

Besprechungstermine, Bearbeitungstermine, Zahlungstermine, Geburtstage und Jubiläen, Messetermine, persönliche Termine, Ihr Urlaub: Termine! Es findet etwas statt und es ist für Sie von Bedeutung! Mit Datum, Uhrzeit und Zeitbedarf wird aus jeder Aktivität ein Termin! Termine sind vorgegeben oder werden von Ihnen gesetzt. Mit einer guten Terminverwaltung haben Sie Ihr Office im Griff.

Für die Arbeit mit Terminen wird in den meisten Büros (noch) der Terminkalender eingesetzt. Für die Vormerkung von wenigen Terminen täglich reicht er als Übersicht aus.

Terminkalender für Wochentermine mit Bemerkungsspalte

	Bemerkungen	Bemerkungen	Bemerkungen	Bemerkungen	Bemerkungen	Bemerkungen
		Geburtstag Maria	Reise Frankf. vorbereiten	Protokoll bis 22.10. fertig		
	Montag 18.10.	Dienstag 19.10.	Mittwoch 20.10.	Donnerstag 21.10.	Freitag 22.10.	Samstag 23.10.
9:00 Uhr						
10:00 Uhr			■ Teamsitzung			
11:00 Uhr			■ R. 220			
12:00 Uhr	■ Steuerberater					
13:00 Uhr						
14:00 Uhr						Sonntag
15:00 Uhr						24.10.
16:00 Uhr						
17:00 Uhr						
18:00 Uhr						

Terminkalender mit Bemerkungsspalte sind sehr vorteilhaft. Dort können Sie Geburtstage vermerken, an die Sie denken möchten, Sie können Telefonate eintragen mit Telefonnummer, die wichtig sind an diesem Tag, und Sie können vormerken, wann Sie zum Beispiel mit Spezialaufgaben beginnen müssen, um termingerecht fertig zu sein. Allerdings: Der Platz ist begrenzt.

4.2 Termine setzen

Alternativen vorschlagen

Termine, die Sie beeinflussen können, z. B. das Gespräch mit dem Steuerberater, schlagen Sie selbst vor; denn Sie kennen Ihren Terminkalender! Nennen Sie immer zwei Möglichkeiten: „Am Freitag, den 22. Oktober oder lieber am Montag, den 18.?" Der 18. liegt für Sie besser, deshalb nennen Sie ihn als letzte Möglichkeit. Das Ende einer Nachricht bleibt besser im Gedächtnis haften. Klären Sie auch den Zeitbedarf: „Wie lange werden wir brauchen?" Bitte ändern Sie einmal gesetzte Termine nur in ganz dringenden Fällen.

Ich muss fertig sein am ...?

Wenn feststeht, wann eine Aufgabe fertig sein muss, Sie aber nicht wissen, wann Sie mit der Aufgabe beginnen müssen, rechnen Sie von hinten nach vorn, um zu erkennen: „Wann muss das Protokoll fertig sein? (am 22. 10.) Wie lange brauche ich? (drei Stunden) Was kommt noch dazu? (eine Stunde). Dann muss ich also spätestens am 21. 10. anfangen!"

Regelmäßige Termine

Regelmäßige Termine wie Sitzungen der Geschäftsführung, Regeltermine anderer Abteilungen, Teamsitzungen, Qualitätszirkel oder Jahrestermine (Urlaub, Geburtstage, Jubiläen) tragen Sie ein, bevor Sie an Ihre eigene Terminplanung gehen. So schaffen Sie einen Terminrahmen, innerhalb dessen Sie planen können.

So setzen Sie Termine für sich und andere:

	Vorgang	Leitfrage
▪ Alternativen vorschlagen	Sie schlagen zwei Termine zur Auswahl vor, die für Sie günstig sind.	*Am Freitag oder lieber am Montag?*
▪ Ich muss fertig sein am …	Sie rechnen vom Fertigstellungsdatum rückwärts.	*Wann muss ich beginnen, um rechtzeitig fertig zu sein?*
▪ Regelmäßige Termine	Sie tragen die regelmäßigen Termine zuerst ein.	*Welche festen Termine gibt es bei uns?*

Wie eintragen?

Wenn Sie im Terminkalender den Zeitbedarf eines Termins vermerken und die vergebene Zeit blocken, vermeiden Sie Doppelbelegungen. Fragen Sie daher immer nach: „Wie lange wird es voraussichtlich dauern?" Günstig ist es, zusätzlich eine Telefonnummer zu notieren, unter der Sie – im Falle einer kurzfristigen Änderung – informieren können, oder im Falle eines Meetings die Raumnummer. So können Sie bei Nachfragen sofort Auskunft geben. Nehmen Besucher teil, hat es sich bewährt, nicht nur die Namen mit Telefonnummer zu vermerken, sondern auch den Grund des Besuches.
Ebenso bewährt hat es sich, den Terminkalender mit Bleistift zu führen. Wie viele Änderungen laufen täglich ein – auch bei noch so guter Planung! Welch ein Chaos kann das auf dem Terminkalender hinterlassen. Bleistift und Radiergummi sind wunderbare Helfer für die Übersicht.

So tragen Sie Termine in den Terminkalender ein:

Vorgang		Leitfrage
▪ Zeitbedarf blocken	Sie markieren belegte Zeiten mit einem senkrechten Strich	So lange wird es dauern!
▪ Telefonnummer nicht vergessen	Sie notieren eine passende Telefonnummer, falls etwas dazwischen kommt	Wen muss ich bei Problemen informieren?
▪ Raumnummer notieren	Bei Sitzungen schreiben Sie auch die Raumnummer dazu, zur Erinnerung	In welchem Raum findet die Sitzung statt?
▪ Besucher	Name und Grund des Besuchs eintragen	In welcher Angelegenheit?

4.3 Termine abstimmen

Wenn Sie für mehrere Personen einen Termin koordinieren wollen, dann ist diese Übersicht hilfreich:

Teamsitzung Finanzen IV. Quartal

Teilnehmer:	Terminvorschläge			
	Fr 15. 10.	Mo 18. 10.	Mi 20. 10.	Do 21. 10.
Herr Heinrich		x	x	
Maria Wagner	x		x	
Karin Schmidt		x	x	x
Herr Dr. Steinmeyer			x	x

Sie legen verschiedene Termine zur Auswahl fest und fragen bei den Teilnehmern alle Vorschläge telefonisch ab. Der Termin, den alle wahrnehmen können, siegt.

Terminabstimmung mit dem Chef, der Chefin

Als Sekretärin führen Sie in der Regel zwei Terminkalender: einen für den Chef, die Chefin und einen für sich selbst. Dabei ist es ganz wichtig, dass Sie die Termine täglich – auch mehrmals – gemeinsam abgleichen. Das ist nicht nur ein Muss, das kann auch ein sehr schönes Ritual werden. Denn es macht beide erfolgreicher.
Haben Sie mehrere Chefs, was allzu häufig vorkommt, so führen Sie für jeden einen eigenen Terminkalender. Hoffentlich benutzen alle dasselbe System – oder ein sehr ähnliches.
Chefentlastung gelingt, wenn Sie als Sekretärin die Verantwortung für die Termine übernehmen – d. h. Sie haben die Terminhoheit: Sie vergeben die Termine selbstständig. Ihr Chef, die Chefin steckt dazu die Rahmenbedingungen ab. So wachsen Sie in eine verantwortungsvolle Vertrauensposition hinein. Ihre Arbeit wird wertgeschätzt.

Was Sie mit dem Terminkalender nicht machen können

Wie bereiten Sie sich auf Termine vor, z. B. das Gespräch mit dem Steuerberater am 18. 10. um 12:00 Uhr? Wo planen Sie das in Ihrem Terminkalender ein? Wie stellen Sie sicher, dass alle Unterlagen zusammengestellt sind, dass die Fragestellung durchdacht ist, damit die Besprechung auch in einer Stunde erfolgreich ablaufen kann?
Aufgabenplanung ist mit einem Terminkalender nicht möglich. Dazu ist einfach zu wenig Platz. Sie werden sagen: „Das habe ich im Kopf, das weiß ich!" Was aber, wenn Sie mehrmals am Tag solche Sitzungen vorbereiten müssen? Ober wenn es sich um eine ganz besonders wichtige Sitzung handelt? In solchen Fällen sind Terminplaner richtig.

> **Umfrage**
>
> Focus 1/2000
>
> 52,4 % nutzen keine Hilfsmittel
> 39,2 % nutzen den klassischen Terminkalender (und Terminplaner?)
> 10,7 % haben dafür eine Sekretärin
> 3,0 %   setzen einen elektronischen Terminkalender ein
> 0,4 %   beauftragen den telefonischen Auftragsdienst

4.4 Checkliste: Achtung Termin!

Wie sieht Ihre Lösung aus?

	Die Schwachstellen:	Die Lösung:
1	Sie schreiben Ihre Termine alle auf – auf Zettel. Zettel, wohin man schaut.	
2	Sie können Ihre Termine einfach nicht einhalten. Es ist zu viel los.	
3	Ihr Chef hat seinen Terminplaner, Sie aber benutzen den Terminkalender. Sie sollen seine Termine abstimmen.	
4	Sie machen zwar Termine und tragen auch alles genau ein. Aber keiner hält die Termine ein.	
5	Ständig werden Termine verschoben. Ihr Terminkalender sieht ziemlich schlimm aus.	
6	Terminkalender werfen Sie immer Ende des Jahres weg. Dann hat sich das doch erledigt.	

5 Terminmanagement

Das professionelle Terminmanagement erfolgt über den Terminplaner, auch Agenda genannt. Wenn Sie viele Termine und viele verschiedenartige Aufgaben zu koordinieren haben, ist der Terminplaner von großem Vorteil. Die Verzahnung von Terminen und Aufgaben lässt sich in einem Terminplaner besser organisieren. Solch ein Planungs- und Kontrollsystem unterstützt Sie dabei, die richtigen Aufgaben zur richtigen Zeit zu erledigen. So haben Sie mehr Erfolg und mehr Freude an der Arbeit.

Ein Terminplaner besteht aus mehreren Komponenten:

Kalender	Aufgaben	Adressen	Notizen
Jahr Monat Woche Tag	A B C	www.de	Ideen Memos Pläne

Dazu gehören:

- **Kalender**
  Jahr, Monat für die Grobplanung
  Woche, Tag für die Feinplanung

- **Aufgaben**
  auch To-do-Liste oder Aktivitäten-Checkliste genannt, je nach Planungssystem.
  Hier listen Sie Ihre Aufgaben auf, die noch nicht terminiert sind.

- **Adressen**
  für die schnelle Erreichbarkeit
- **Notizen**
  Ideen, Memos, Pläne – damit nichts vergessen wird

Denn der Terminplaner ist dazu da, Ihren Kalender, Ihre Aufgabenliste, Ihre Telefon- und Adressenliste und wichtige Informationen und Notizen in einem Buch zu vereinen, das Ihnen helfen soll, über alle Ihre unfertigen Arbeiten, Aufgaben und Projekte die Kontrolle zu behalten.

Aufgaben und Termine

Was genau sind Aufgaben? Wie unterscheiden sie sich von Terminen? Aufgaben sind bekannt und müssen von Ihnen erledigt werden. Nicht bekannt ist der Zeitpunkt. Termine haben bereits ein festes Datum und eine bestimmte Uhrzeit. Im Terminmanagement geht es nun darum herauszufinden, wie die Aufgaben in das vorhandene Zeit- und Termingefüge eingepasst werden können. Deshalb muss der Zeitbedarf für Aufgaben und für Termine im Voraus geschätzt werden. Wenn Sie den Tagesplan erstellen, entscheiden Sie mit Hilfe von Prioritäten, was an diesem Tag Sache ist.

5.1 Schritt für Schritt zum Tagesplan

Hier hat sich die Alpenmethode bewährt. Nachzulesen bei Lothar J. Seiwert, Das neue 1x1 des Zeitmanagement, Gabal, 1996. Wenn Sie Ihre Aufgaben und Termine in der Reihenfolge A-L-P-E-N planen, gehen Sie mit Ihrer Zeit professionell um, Sie planen schrittweise und nichts wird vergessen. Hier die einzelnen Schritte im Überblick:

- Die Alpenmethode

- A Aufschreiben: Alle Aufgaben und Termine
- L Listen Sie auch die Länge auf
- P Planen Sie Pufferzeiten ein
- E Entscheiden Sie nach Prioritäten
- N Nutzen Sie die Nachkontrolle

1. Schritt

- Die Alpenmethode

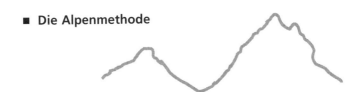

- A Aufschreiben: Alle Aufgaben und Termine

Aufgaben	Wann?
Teamsitzung	20.10.
Protokoll Teamsitzung	bis 22.10.
Reise vorbereiten	bis 20.10.

Haben Sie viele verschiedene Aufgaben und Termine zu erledigen oder zu koordinieren, dann hilft eine Aufgabenliste. Sie schreiben die Aufgaben fortlaufend auf, wie sie kommen. So wird bei der täglichen Terminplanung nichts vergessen! Solch eine Aufgabenliste können Sie einem Terminplanungsbuch entnehmen oder selbst am PC erstellen und fortlaufend führen. Statt alles auf einen Stapel „Erledigen" zu legen oder dekorativ auf dem Schreibtisch zu verteilen, ist es Erfolg versprechender, diese Liste aller unerledigten Aufgaben anzulegen.

Einfache Aufgabenliste

ABC	Aufgaben	Wann?	Wie lange?	OK ✓

Damit haben Sie die volle Übersicht und Kontrolle über Ihre Arbeit. Es geht viel schneller, eine Liste zu überfliegen, als Stapel zu durchwühlen. Außerdem entlastet eine schriftliche Aufgabenliste Ihr Gedächtnis. Die Aufgabenliste ersetzt die vielen fliegenden Zettel.
Eine einfache Variante ist das Aufgabenbuch oder die Kladde, die von vielen Mitarbeiterinnen und Mitarbeitern in Büro und Sekretariat eingesetzt wird. Die Buchform hat den Vorteil, dass nichts verloren geht. Auch lassen sich auf diese Weise Aufgaben zurückverfolgen. So entsteht eine aussagefähige Dokumentation Ihrer Arbeit.

2. Schritt

Die Länge der Aufgaben und Termine im Voraus zu schätzen ist äußerst wichtig, wenn man eine Chance haben will, mit der vorhandenen Zeit auch auszukommen.
Diese Schätzungen können Sie jederzeit, wenn sich eine neue Situation ergibt, ändern. Zunächst sind sie ein Anhaltspunkt. Übrigens: Auch wenn Sie sich für ein Aufgabenbuch oder Kladde entschieden haben, so ver-

merken Sie dort auch den geschätzten Zeitbedarf für die Aufgabe. So planen Sie professionell.

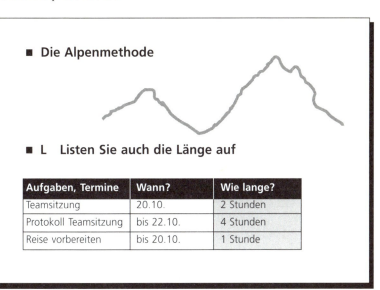

- **Die Alpenmethode**

- **L   Listen Sie auch die Länge auf**

Aufgaben, Termine	Wann?	Wie lange?
Teamsitzung	20.10.	2 Stunden
Protokoll Teamsitzung	bis 22.10.	4 Stunden
Reise vorbereiten	bis 20.10.	1 Stunde

Meistens unterschätzt man den Zeitbedarf. Überlegen Sie, wie lange Sie für die Aufgabe benötigen werden und rechnen Sie dann einfach die Hälfte dazu. Wenn Sie glauben, die Aufgabe dauert zwei Stunden, dann rechnen Sie drei. Passen Sie nach und nach Ihre Zeitangaben der Realität an.

Wenn Sie sich für die Erledigung einer Aufgabe einen festen Zeitrahmen setzen, werden Sie die Aufgabe auch eher in dieser Zeit abschließen. Planen heißt schnell beenden! Manche Chefs nutzen das auch aus: Sie erhöhen das Arbeitsvolumen bei gleichem Zeitbedarf. „25 % Steigerung werden erfahrungsgemäß verkraftet", meint ein Chef.

3. Schritt

- **Die Alpenmethode**

P   Planen Sie Pufferzeiten ein

- 20-25 % für Wartezeiten, Unterbrechungen
- 20-25 % für unvorhergesehene Aufgaben
- = 40-50 % Pufferzeit, d. h. 3-4 Stunden pro Tag

Denken Sie an Pufferzeiten. Verplanen Sie nicht mehr als 50–60 % Ihrer Arbeitszeit. 20–25 % halten Sie für Wartezeiten oder Unterbrechungen frei. Weitere 20–25 % für unvorhergesehene Aufgaben, weil z. B. noch Zusatzinformationen nötig werden, oder für kreative Zeiten. Für einen 8-Stunden-Tag gelten 3–4 Stunden Pufferzeit.

Um Missverständnissen vorzubeugen: Auch Pufferzeit ist Arbeitszeit. Nur: Sie ist noch nicht verplant! Wird die Pufferzeit nicht benötigt, weil alles reibungslos verlief, ist endlich Zeit für die vielen Aufgaben, zu denen man nie kommt: Einen wichtigen Artikel lesen, sich mit der Kollegin austauschen, die Ablage auf Vordermann bringen, sich mit PowerPoint weiterbringen usw. Sinn der Pufferzeit ist es, ausreichend Ruhe und Konzentration für die wichtigen Aufgaben zu haben, denn nur so gelingen sie.

Mehr Pufferzeit

Wenn Sie in einer Sekretariatsfunktion arbeiten, kommen Sie mit 40–50 % Pufferzeit nicht aus. Wenn Sie morgens nicht wissen, was der Tag bringt, oder ununterbrochen „springen" müssen – also eher fremdbestimmt arbeiten –, dann rechnen Sie am besten mit bis zu 80 % Pufferzeit. Ihre eigenen Aufgaben wie z. B. Protokolle oder redaktionelle Aufgaben oder Sachbearbeitung dürfen dann aber durchschnittlich nicht mehr als 20 % der täglichen Arbeitszeit einnehmen. Das sind bei einem 8-Stunden-Tag ganze zwei Stunden. Wenn Sie Schwierigkeiten haben, Fremdaufgaben (vom Chef, von Kollegen) und Eigenaufgaben (aus eigenverantwortlicher Tätigkeit) unter einen Hut zu bekommen, dann erstellen Sie ein Aufgabenprotokoll, um Ihre Schwachstellen zu erkennen. So sind Sie gut gerüstet für ein Gespräch mit Ihrem Chef. Wie das geht, steht in Kapitel 8 Selbstmanagement.

4. Schritt

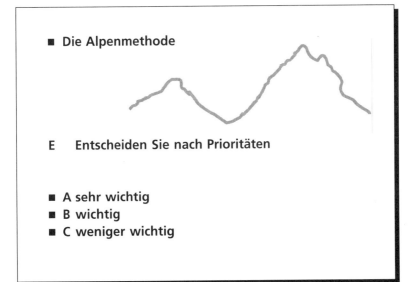

- **Die Alpenmethode**

E   Entscheiden Sie nach Prioritäten

- **A sehr wichtig**
- **B wichtig**
- **C weniger wichtig**

Die wichtigste Planungsaufgabe im Terminmanagement besteht darin, den Aufgaben Prioritäten zuzuweisen. Dabei geht Wichtigkeit vor Dringlichkeit. Was ist sehr wichtig? Was ist wichtig? Was ist weniger wichtig? Sicher kennen Sie den Spruch: „Das ist ganz eilig, das muss sofort raus". Sind „eilig" und „wichtig" dasselbe? Gibt es eilige und wichtige Aufgaben? Präsident Eisenhower wird zugeschrieben, beide Komponenten in Beziehung gesetzt zu haben. Kombiniert man die Komponenten „wichtig" (im Sinne von „bedeutend") und „dringlich" (im Sinne von „eilig" oder „termingebunden"), so ergeben sich die Prioritäten A, B und C:

A	sehr wichtig	weil wichtig + dringlich
B	wichtig	weil wichtig + nicht dringlich
C	weniger wichtig	weil dringlich + nicht wichtig

„Das ist ganz eilig, das muss sofort raus" hätte also „nur" Priorität C. Übrigens: 65 % Ihrer Aufgaben beziehen sich durchschnittlich auf Priorität C. Im Unternehmen haben Aufgaben, die Geld bringen, also bedeutend sind, immer Priorität A: ein Angebot erstellen, einen Kunden zufrieden stellen, ein Projekt abschließen usw. Das sind gewöhnlich nicht mehr als 15 % Ihrer Tagesaufgaben.

Aufgaben mit Prioritäten   *Stand 20.10.*

ABC	Aufgaben	Wann?	Wie lange?	OK
B	Protokoll der Teamsitzung	bis 22.10.	4 Stunden	✓
C	Bücher bestellen	bis 30.10.	½ Stunde	✓
A	Reise Frankfurt vorbereiten	bis 20.10.	1 Stunde	✓

✓ = wurde in den Tagesplan 20.10. übernommen

Je nach Aufgabengebiet kann es günstig sein, die Aufgabenliste genauer zu führen. Das gilt besonders für die Überwachung langfristiger Aufgaben:

Aufgaben – erweitert – mit Prioritäten *Stand 20.10.*

ABC	Aufgaben	Beginn	Ende	Wie lange?	OK
B	Protokoll der Teamsitzung	20.10.	22.10.	4 Stunden	✓
C	Bücher bestellen		30.10.	½ Stunde	✓
A	Reise Frankfurt vorbereiten	18.10.	20.10.	1 Stunde	✓

✓ = wurde in den Zeitplan 20.10. übernommen

Sie entscheiden, was besonders wichtig ist. Sollte es einmal vorkommen, dass Sie zu viele Aufgaben der Priorität A haben und es nicht schaffen, alle im Tagesplan unterzubringen, dann fragen Sie weiter: Welche dieser A-Aufgaben ist die wichtigste? Wie viel Geld steht dabei auf dem Spiel? Welche Konsequenzen hat das für das Unternehmen? Die Fähigkeit, sich auf die entscheidenden Aufgaben auszurichten, macht Sie erfolgreich und auch zufrieden bei Ihrer Arbeit.

5. Schritt

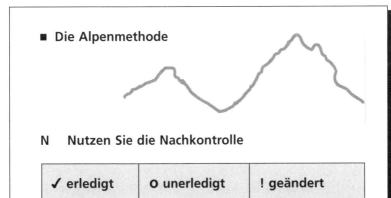

- **Die Alpenmethode**

N   **Nutzen Sie die Nachkontrolle**

✓ erledigt	O unerledigt	! geändert

- **abends den Terminplan für den nächsten Tag erstellen**

Gönnen Sie sich zum Feierabend zehn Minuten Zeit für den Tagesrückblick: „Wie erfolgreich war dieser Tag? Habe ich meine Aufgaben gelöst?" „Was war mein größter Erfolg?" „Was gab es für Hindernisse?" „Was darf mir nicht mehr passieren?"
Mit dem Tagesrückblick haken Sie erledigte Termine ab, tragen (noch) unerledigte Aufgaben oder geänderte Termine auf den entsprechenden Tagesplan vor und strukturieren auf diese Weise den neuen Tag.

6. Schritt

Der Tagesplan besteht aus einem Tageskalender mit Uhrzeit für Termine (links) und einem Aufgabenblock ohne Termine (rechts).

Aufgabenblock

- **Kontakte**
  kurze Vorgänge des laufenden Tagesgeschäftes
  ✉ schriftlich (Post, Fax, E-Mail) oder ☎ mündlich (Telefon, Sprach-Box)

- **Aufgaben**
  mit Prioritäten (A, B, C) und Zeitbedarf

- **Privat**
  zur Integration von Beruf und Privatleben

- **Tagesziel**
  zur Reflexion und Nachkontrolle

Im Tagesplan laufen Termine und Aufgaben zusammen. Die Verbindung von Aufgabenliste und Kalender gibt Ihnen genügend Spielraum, Ihre Arbeit konsequent zu planen, weil Sie erledigte und unerledigte Aufgaben gut überblicken können.
Der Tagesplan erfasst alles, was an diesem Tag getan werden soll: Termine mit Uhrzeit und Zeitbedarf, Aufgaben mit Priorität und Zeitbedarf. Dennoch: Ein Tagesplan sollte realistisch sein und nur das aufführen, was Sie unter normalen Umständen auch schaffen können.

Ein Tagesplan motiviert auch, die Dinge wirklich zu erledigen und dazu Prioritäten einzusetzen. Und: Ihren Tagesplan dürfen Sie auch immer wieder ändern, wenn die Situation es erfordert.

Tagesplan Momentaufnahme 20. 10. Stand 12:00 Uhr

①	Termine	OK ✓	✉ ☎		Kontakte	OK ✓
08	Stille Stunde	✓		x	Thalia 30 20-57 10 Preise Bücher	
09			x		Finanzamt Fristverlängerung	
10	Teamsitzung wg. Finanzen IV	✓				
11	Raum 220	✓				
12						
13						
14			ABC	Zeit	Aufgaben	
15			A	1 St.	Reise Frankfurt vorbereiten	✓
16			B	4 St.	Protokoll Teamsitzung	
17						
18	Tagesplan für 21.10.					
19					Privat	
20						
21					Tagesziel	
22					Prima Team!	

✓ = Die Aufgabe „Reise Frankfurt vorbereiten" wurde zu einem Termin (20.10., 08:00-09:00 Uhr) und ist um 12:00 Uhr bereits erledigt.
✓ = Die Teamsitzung hat ordnungsgemäß stattgefunden.

Zeitmanagement

▶ Lothar J. Seiwert, Das neue 1x 1 des Zeitmanagement, Gabal, 1996. 18. Auflage

Zu unserem Beispiel:

Im Tagesplan vom 20. Oktober sind eingetragen:

- **als Termin**
  Die Teamsitzung zum Thema Finanzen IV. Quartal in Raum 220 findet von 10:00–12:00 Uhr statt. Der Zeitrahmen ist geblockt

- **als Aufgaben**
  mit Priorität A die Reisevorbereitung Frankfurt, Zeitbedarf eine Stunde; mit Priorität B das Protokoll der Teamsitzung, Zeitbedarf vier Stunden

- **als Kontakt**
  Telefongespräch mit der Buchhandlung Thalia, um Preise zu erfragen; ein Brief an das Finanzamt zur Fristverlängerung

Die Momentaufnahme um 12:00 Uhr zeigt:

- dass die Teamsitzung stattgefunden hat, sie ist abgehakt

- dass die Reisevorbereitung für Frankfurt mit Priorität A in der stillen Stunde, bevor alle Mitarbeiter morgens an ihrem Platz waren, termingerecht erledigt werden konnte. Die wichtigste Aufgabe des Tages wurde hier in die ersten Stunden des Arbeitstages gelegt. Die stille Stunde ist ideal, um Aufgaben zu erledigen, die Konzentration und Zuwendung benötigen. Sie machen also einen Termin mit sich selbst. Konsequenterweise sind Sie dann für andere nicht zu sprechen

- dass die Kontakte noch nicht erledigt sind, dazu war bis 12 Uhr noch keine Zeit. Sie sind noch nicht abgehakt

- dass das Protokoll der Teamsitzung mit Priorität B auch noch nicht fertig ist. Vielleicht kann es im Laufe des Nachmittags begonnen werden und der Rest folgt dann am nächsten Tag

Zur Erinnerung:

Abgabetermin ist der 22.10. Es hat also noch Zeit. Wenn am Abend der Tagesplan für den 21.10. erstellt wird, wird die Aufgabe „Protokoll erstellen" mit einem Kreis o markiert und auf den 21.10. vorgetragen. Sollte am 21.10 wieder keine Zeit sein, das Protokoll fertig zu stellen, dann wird es auf den 22.10. vorgetragen. Dann bekommt es aber Priorität A, denn am 22.10. ist Abgabetermin. Sehr wahrscheinlich muss dann die stille Stunde bemüht werden, um den Termin auch tatsächlich zu halten.

Historie

So entsteht eine Historie der Aufgaben, die sich in den Tagesplänen ablesen lässt. Das ist auch eine Dokumentation Ihrer geleisteten Arbeit.

Termine mit sich selbst

Ist Ihnen aufgefallen, dass die Termine zwei unterschiedliche Markierungen haben? Tatsächlich unterscheidet man bei Terminen solche, die von außen kommen (hier mit einem schwarzen Kästchen markiert), und solche, die man mit sich selbst macht (hier grau markiert).
Das Geheimnis des Zeitmanagement ist es, dass man sich selbst auch wichtig nehmen darf. Es ist also nicht ungewöhnlich, mit sich selbst einen Termin zu machen. Es ist geradezu notwendig, wenn man eigene Aufgaben zu planen und zu erledigen hat.

> **Goethe an Schiller 1798**
>
> Bei dem vielen Zeug, das ich vorhabe, würde ich verzweifeln, wenn nicht die große Ordnung, in der ich meine Papiere halte, mich in den Stand setzte, zu jeder Stunde überall einzugreifen, jede Stunde in ihrer Art zu nutzen und eines nach dem anderen vorwärts zu schieben.

Übersicht: So entsteht der Tagesplan

- **Jahresplaner**
  Tragen Sie zu Beginn des Jahres alle festen oder regelmäßig wiederkehrenden Termine aus dem Jahresplaner ein.
  Mit Stichwort und Markierung ■

- **Aufgabenliste**
  Entnehmen Sie Ihrer Aufgabenliste alle Aufgaben für den Tag.

- **Aufgaben mit Termin**
  Die Termine (d. h. Datum, Uhrzeit und Zeitbedarf) tragen Sie im Tageskalender ein. Mit Stichwort und Markierung ■ oder für Termine mit sich selbst.

- **Aufgaben ohne Termin**
  Die Aufgaben notieren Sie mit Prioritäten und Zeitbedarf. Dann ordnen Sie diesen Aufgaben Uhrzeiten zu. So entstehen Termine. Hier im Beispiel ist es die „Reisevorbereitung Frankfurt", die in der stillen Stunde erledigt wird.

- **Kontakte**
  Gibt es noch Kontakte einzutragen? Kurze schriftliche oder telefonische Vorgänge aus dem laufenden Tagesgeschäft, die Sie hier bündeln? Mit Name, Stichwort, Telefonnummer! Markierung x

- **Unerledigtes**
  Gibt es Unerledigtes vom Vortag?

- **Gesamtzeit**
  Überprüfen Sie den Gesamtzeitbedarf für Termine, Aufgaben und Kontakte. Reicht Ihre Arbeitszeit überhaupt aus? Haben Sie an Pufferzeiten gedacht? Müssen Sie die Aufgaben reduzieren oder können Sie delegieren?

5.2 Wiedervorlage

Mit der Wiedervorlage überwachen Sie Vorgänge „auf Termin". D. h. ein Vorgang ist noch nicht abgeschlossen, weil noch Informationen fehlen, die Sie erst später bekommen können. Dabei gibt es Wiedervorlage-Termine, die andere einhalten sollen, oder solche, die Sie selbst einhalten wollen. Die Wiedervorlage ist in aller Regel an Unterlagen gebunden. Auch Unterlagen mit Fälligkeit werden gut mit der Wiedervorlage verwaltet. Situationen können sein:

Termine, die andere einhalten sollen

Die statistischen Auswertungen für den Geschäftsbericht, den Sie fertig stellen sollen, wurden Ihnen bis zum 21. Oktober zugesagt. Sie legen eine Kopie dieser Notiz auf Termin: 21. Oktober. Sind die Unterlagen nicht pünktlich da, fassen Sie nach.
In dringenden Fällen, wenn ein Ausweichtermin nicht mehr möglich ist, der 21. Oktober also unbedingt eingehalten werden muss, ist es klug, die Abgabefrist um zwei bis drei Tage vorzuverlegen – also die Wiedervorlage auf den 18. oder 19. Oktober zu legen, um dann den Mitarbeiter freundlich an den Abgabetermin zu erinnern.

Termine, die Sie selbst einhalten wollen

Sie haben ein Memo verfasst und warten auf Antwort bis zum 10. November. Sie legen eine Kopie des Memos auf Termin: 10. November. Oder: Sie haben am 20. Oktober ein Angebot abgegeben und wollen sicher sein, dass Sie den Auftrag bekommen. Sie legen eine Kopie des Angebotes für den 3. November auf Termin. (Das Original bleibt in der Akte!) Am 3. November fassen Sie nach. Erreichen Sie den Geschäftspartner nicht, weil er erst am 5. November von einer Dienstreise zurückkommt, legen Sie die Angelegenheit für den 5. November wieder auf Termin usw. So steuern Sie die zeitliche Überwachung des Ablaufs.

Unterlagen mit Fälligkeit

Mit der Wiedervorlage können Sie Unterlagen, die ein bestimmtes Fälligkeitsdatum haben, auf Termin legen: Eintrittskarten, Flugtickets, Zahlungsbelege zum Beispiel. Hier zwei Situationen:
Sie sind zu einer Präsentation für den 22. Oktober eingeladen. Das Einladungsschreiben (es dient als Eintrittskarte) legen Sie für den 22. Oktober auf Termin. So werden Sie daran erinnert, es auch mitzunehmen. Damit Sie wichtige Zahlungstermine am 28. Oktober nicht verpassen, legen Sie die Zahlungsbelege auf Termin: 28. Oktober. So haben Sie an diesem Tag alle Unterlagen vorliegen und können ohne langes Suchen überweisen.

Die Form der Wiedervorlage

Für die Wiedervorlage benötigen Sie passende Ordnungsmittel. Prüfen Sie, was für Ihre Aufgaben am besten passt:

Pultordner

Wie der Name sagt, liegen Pultordner auf dem Schreibtisch oder griffbereit neben dem Schreibtisch. Sie benötigen zwei Pultordner: einen mit der Einteilung 1–31 für die Kalendertage eines Monats und einen zweiten Pultordner mit der Einteilung 1–12 für die Monate des Jahres. Pultordner haben die Größe von Unterschriftenmappen, nehmen also DIN-A4-Blätter gut auf. So können Sie Kopien von Angeboten, Notizen, Einladungen, Zahlungsbelege usw. gut unterbringen. Die Wiedervorlage in Pultordnern ist klassisch.
Suchen Sie in bestimmten Fällen nicht nach Terminen, sondern nach Namen, dann verwenden Sie einen Pultordner ABC.

Hängemappen

Für eine umfangreiche Wiedervorlage, besonders in Sekretariaten, sind Hängemappen sehr praktisch. Voraussetzung ist ein Schreibtisch mit Hängeregistratur. Sie benötigen dann 31 Hängemappen für die Kalendertage eines Monats und 12 Hängemappen für die Monate des Jahres, zusammen also 43 Hängemappen. Kopien von Angeboten, Notizen, Einladungen, Zahlungsbelegen usw. sortieren Sie lose ein. Die aktuelle Tagesmappe hängen Sie nach vorn, die Mappe des vergangenen Tages nach hinten.

Für kleinere Wiedervorlagen gibt es eine Platz sparende Lösung von Leitz: eine Hängebox. Darin sind 43 (dünne) Einstellmappen untergebracht, 1–31 und 1–12.

Termin-Set Leitz

Bestell-Nr. 1955 im Bürohandel
www.leitz.de

Stehmappen

Geradezu ideal ist die Wiedervorlage dann gelöst, wenn Sie die Suche nach Terminen 1–31 und 1–12 und die Suche nach Namen ABC auf einen Blick erkennen lässt. Die Schreibtisch-Box von Mappei kann das. Das System verwendet Stehmappen mit Loseblatt-Ablage. Über Hängeclips kann die Box auch in die Hängeregistratur des Schreibtisches eingelassen werden.

Wiedervorlage-Set Mappei

Bestell-Nr. 394027
www.mappei.de
Nur direkt zu beziehen, E-Mail: info@mappei.de

So legen Sie auf Termin

Liegt der Fälligkeitstermin im laufenden Monat, so benutzen Sie die Mappe 1–31. Soll beispielsweise die Statistik bis zum 21. Oktober eintreffen, so legen Sie eine Kopie der Notiz in das Register 21. Wollen Sie am 3. November (also im Folgemonat) nachfassen, so benutzen Sie die Mappe 1–12 und legen die Unterlagen für November unter 11. Ende Oktober schichten Sie um: alle Schriftstücke aus 11 werden jetzt in die Mappe 1–31 einsortiert und ein neuer laufender Monat beginnt. So verfahren Sie immer am Ende eines Monats.

Das hat sich bewährt: Im Pultordner oder in den Einstellmappen sollten nur Kopien liegen. Es können auch Karteikarten oder kurze handschriftliche Notizen sein. Nur die Akte oder der Vorgang selbst sollte nicht komplett in die Wiedervorlage wandern. Dort wird sie am wenigsten gesucht. Die Akte sollte dort stehen, wo sie laut Aktenplan hingehört. Ausnahme: Materialien wie Flugticket oder Eintrittskarte. Sie sind nur für diesen einen Tag und nur im Original gültig.

So planen Sie wieder ein

Wenn Sie abends Ihren Terminplan für den nächsten Tag machen, gehen Sie immer auch die Wiedervorlage durch: Schon erledigt? Nachfassen? Neu terminieren?

5.3 Jeder plant auf seine Weise

Terminkalender und Aufgabenliste

Ihr Terminkalender ist Ihnen lieb geworden. Sie möchten nicht darauf verzichten. Dann führen Sie – anstatt der vielen Zettel – eine Aufgabenliste. Dies ist der erste Schritt, um sich mit der Planung von Terminen anzufreunden. Bei den Arbeitshilfen im Anhang gibt's eine Kopiervorlage auf Seite 167.

Terminkalender und Kladde

Sie benutzen weiterhin den Terminkalender. Ihre Aufgaben aber notieren Sie in einer Kladde, das ist ein festes Buch mit leeren Seiten. Viele

Mitarbeiterinnen und Mitarbeiter in den Sekretariaten arbeiten so. So können Sie – auch größere Zeiträume – leicht zurückverfolgen. Spalten für Datum, Priorität und Zeitbedarf fügen Sie ein. Wenn Sie nach getaner Arbeit noch den tatsächlichen Zeitbedarf notieren, wird die Kladde zum Aufgabenprotokoll und dokumentiert, was Sie wirklich leisten.

Terminplaner Woche

In manchen Berufen wünscht man sich die Woche als Planungseinheit. In Weiterbildungsberufen ist das so, wenn Termine den ganzen Tag einnehmen. Auch Arbeitsblöcke für langfristige Aufgaben lassen sich im Wochenplan besser überblicken. Ob Tagesplan oder Wochenplan, die Regeln des Terminmanagement sind dieselben.

Terminplaner als Wiedervorlage

Einen gut geführten Terminplaner können Sie zusätzlich als Wiedervorlage nutzen. Sie *legen* dann nicht auf Termin, sondern Sie *schreiben* auf Termin, vorausgesetzt Sie haben ausreichend Platz. Die Unterlagen bleiben in diesem Fall immer beim Vorgang. Tatsächlich ist das etwas für Puristen.

Und wo bleibt der Mensch?

In den letzten Jahren rückt der Mensch stärker in den Mittelpunkt der Zeitplanung. Der Mensch mit seinen Zielen für Arbeit und Leben, für Beruf und Freizeit. Wochenpläne (mit Wochenenden) bekommen einen größeren Stellenwert. Ausführlich dazu im Kapitel 8 Selbstmanagement.

Das neue Zeitmanagement

♦
Stephan R. Covey, Die sieben Wege zur Effektivität, Heyne Campus, 1999
Lothar J. Seiwert, Wenn Du es eilig hast, gehe langsam, Campus, 2000

6 Elektronisches Terminmanagement

Ob PC oder Papier, die Art und Weise mit Terminen und Aufgaben umzugehen ist vom Medium unabhängig. Immer wird eine Aufgabenliste (Aktivitäten, To-do-Liste) geführt, diese Aufgaben werden in die Monats-, Wochen- oder Tagesplanung eingearbeitet und überwacht. Mit den Methoden des Zeitmanagement nutzen Sie die Möglichkeiten der elektronischen Terminplanung voll aus.

Für unterwegs gibt es handliche Organizer – mit Docking-Station fürs Büro, die ihr Wissen per Verbindungskabel oder über Infrarot an den Rechner im Büro übertragen lassen.

Ein besonderer Vorteil der elektronischen Terminplaner ist es, dass sie die Übertragungsarbeit von Aufgaben zu Terminen vereinfachen und außerdem auf Knopfdruck die Tages-, Wochen- oder Monatsansicht zeigen. Darüber hinaus lassen sich Erinnerungs- und Wiedervorlagefunktionen nutzen. Unschlagbar schnell sind die elektronischen Terminplaner bei der Abstimmung von Terminen mit mehreren Beteiligten – vorausgesetzt alle sind im Netz verbunden und nutzen auch die entsprechenden Programme.

6.1 Lotus Organizer & MS Outlook

Lotus Organizer

Eines der bekanntesten Systeme, der Lotus Organizer, ist optisch wie ein Ringbuch aufgebaut, auf dem Bildschirm farbenfroh mit Register: für Kalender, Aktivitäten, Adressen. Dazu ein Notizblock, seitenweise aufgebaut, mit Titel, Inhaltsverzeichnis und Seitennumerierung. So lässt sich auch unterwegs ein umfassender Arbeitsbericht erstellen.

Eine Übersicht auf Jahrestage, die über die Jahre fortgeschrieben werden können, wie z. B. Geburtstage, ergänzt den Organizer ebenso wie ein Planer für Urlaub, Fortbildung, Reisen usw. Die Eintragungen des Jahresplaners erscheinen automatisch in der entsprechenden Kalenderansicht des Benutzers. Sie können auch an einem Einzelplatz das Terminmanagement für mehrere Benutzer einrichten.

Lotus gehört IBM und arbeitet unter Windows. Die hier gezeigten Ausschnitte gehören zur Version 4.1 als Teil der Lotus SMART Suite Millenium Edition.

Lotus Organizer – Aktivitäten mit Prioritäten

Abbildung 1: Laufende Aktivitäten bei Lotus Organizer
Abbildung 2: Erledigte Aktivitäten bei Lotus Organizer

In dieser Ansicht sind beispielhaft drei Aufgaben mit Prioritäten (1 = A, 2 = B, 3 = C) eingetragen. Mit einfachem Verschieben durch Mausklick werden die Aufgaben den Tagen zugeordnet, an denen sie zu erledigen sind. Sehr übersichtlich ist die Trennung zwischen laufenden Aktivitäten und erledigten Aktivitäten. Zusätzlich gibt es noch die Einteilungen: überfällige und zukünftige Aktivitäten. So fällt es leicht, schnell die wichtigen Aufgaben herauszufinden.

Halten wir fest: Aufgabenliste mit Prioritäten und Zeitbedarf, Kalender mit Terminleiste und Erledigungsvermerk – das sind Mittel der Terminplanung, die sich auf Papier seit Jahren bewährt haben und in die elektronische Terminplanung übernommen wurden – als weltweiter Standard.

Lotus Organizer - Tagesansicht

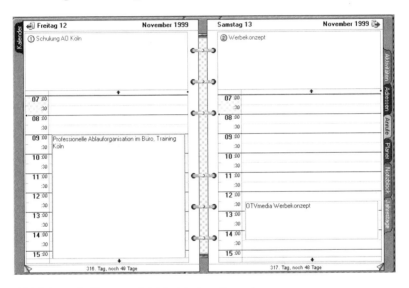

Abbildung 3: Tagesansicht bei Lotus Organizer

In der Tagesansicht wird der Zeitaufwand der Aufgaben festgelegt und optisch dargestellt. Zusätzlich erscheinen im Kopf die Tagesaufgaben mit Priorität.

Lotus Organizer - Wochenansicht

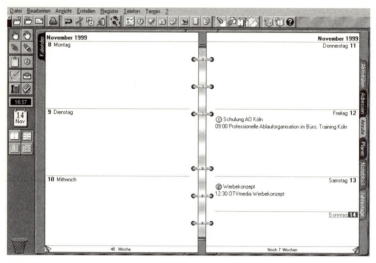

Abbildung 4: Wochenansicht bei Lotus Organizer

Lotus Organizer – Monatsansicht

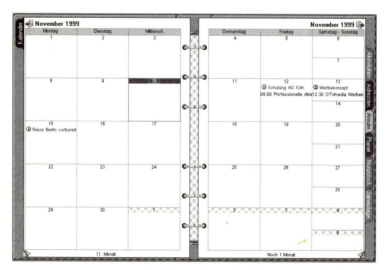

Abbildung 5: Monatsansicht bei Lotus Organizer

MS Outlook

Auch das Microsoft-Produkt Outlook arbeitet mit den Elementen: Kalender, Kontakte, Aufgaben und Notizen. Das Programm ist für die Planungsmethoden des Zeitmanagement bestens geeignet. (Es gibt zusätzlich noch ein Journal. Hier lässt sich erkennen, wie lange an einem Dokument gearbeitet wurde.) Verwendet wurde hier die Version Outlook 98 von Microsoft.

MS Outlook – Aufgaben mit Prioritäten

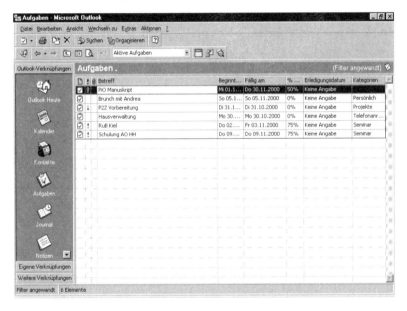

Abbildung 6: Aufgaben mit Prioritäten bei MS Outlook

Zunächst werden die laufenden Aufgaben aufgelistet, mit Prioritäten versehen (Ausrufezeichen = A, keine Kennzeichnung = B, Pfeil nach unten = C) und dem Fälligkeitstag zugeordnet.

Aufgaben managen mit der Aufgabenliste

Gerade bei den vielen kurzen Aufgaben im Sekretariat, die auf Zuruf erledigt werden, noch dazu bei mehreren Chefs, hat sich die Aufgabenliste von Outlook bewährt: Sie notieren alle Aufgaben sofort in Ihrer Aufgabenliste, versehen sie mit Fälligkeit und lassen sich erinnern, nach 15 Minuten, 30 Minuten oder einer Stunde, ganz in Übereinstimmung mit Ihren Arbeitsroutinen und Ihrem Zeitplan. Vorteil Nummer eins: keine Zettelwirtschaft, kein Gedächtnisschwund. Vorteil Nummer zwei: Sie reagieren sofort, Ihr Chef ist zufrieden. Sie können Ihre Aufgaben bündeln und später in Ruhe bearbeiten.

MS Outlook - Erledigte Aufgaben

☑	!	Betreff	Beginn...	Fällig am	Katego...
		Hier klicken, u...			
☑	!	~~Schulung AO HH~~	~~Do 09....~~	~~Do 09....~~	~~Seminar~~
☑	!	~~RuB Kiel~~	~~Do 02....~~	~~Fr 03....~~	~~Seminar~~
☐	!	PiO Manuskript	Mi 01....	Do 30....	
☑	↓	~~P2Z Vorbereitung~~	~~Di 31....~~	~~Di 31....~~	~~Projekte~~
☐		Hausverwaltung	Mo 30....	Mi 15....	Telefo...
☑		~~Brunch mit An...~~	~~So 05....~~	~~So 05....~~	~~Persön...~~

Abbildung 7: Erledigte Aufgaben. Ausschnitt aus dem Kalenderblatt bei MS Outlook

Aufgaben mit Anlagen versehen

In Outlook haben Sie die Möglichkeit, Ihren Aufgaben Anlagen anzufügen, zu ersehen am Symbol „Büroklammer", wie Sie es aus dem E-Mail-Programm kennen.

	!	0	Betreff	Beginnt...	Fällig am	% ...
☑		0	Hausverwaltung	Mo 30....	Mi 15.11.2000	75%

Abbildung 8: Aufgabe mit Anlage bei MS Outlook

Wiedervorlage: Aufgaben mit Anlagen

So managen Sie mit Outlook eine elektronische Wiedervorlage: Sie lassen sich Aufgaben mit Anlage auf Termin wiedervorlegen. Dazu benutzen Sie die Erinnerungsfunktion für Aufgaben. Sie können Tag und Uhrzeit bestimmen.

MS Outlook – Tagesansicht

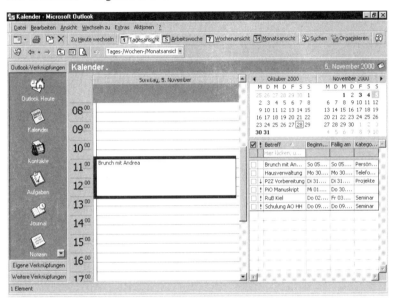

Abbildung 9: Tagesansicht bei MS Outlook

Die Tagesansicht Outlook umfasst einen Tag. Der Zeitbedarf für einen Termin ist geblockt und mit einem Stichwort und evtl. mit Notizen versehen. In der Tagesansicht befinden sich standardmäßig zwei Monatskalender zur Übersicht und eine verkleinerte Fassung der Aufgabenliste. Per Mausklick übertragen Sie die Aufgaben in den Kalender. So werden Aufgaben zu Terminen.

So geht's:

Schieben Sie den Mauszeiger auf eine Aufgabe und ziehen Sie mit gedrückter Maustaste die Aufgabe in den Kalender auf die gewünschte Uhrzeit. Sobald Sie loslassen, öffnet sich das Fenster „Termin". Jetzt können Sie weitere Details eingeben.

MS Outlook – Wochenansicht

Abbildung 10: Wochenansicht bei MS Outlook

Auch in der Wochenansicht stehen zwei Monatskalender und die verkleinerte Aufgabenliste zur Verfügung. Hier im Beispiel ist bei einigen Terminen die Erinnerungsfunktion eingeschaltet, zu erkennen am Symbol „Glocke". Das Symbol „Schlüssel" kennzeichnet private Aktivitäten.

MS Outlook - Arbeitswoche

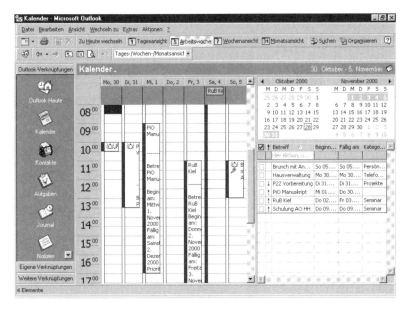

Abbildung 11: Arbeitswoche bei MS Outlook

Besonders übersichtlich ist die Ansicht Arbeitswoche in Outlook. In diesem Beispiel beträgt die Arbeitswoche sieben Tage. Sie kann natürlich auch auf fünf Tage eingestellt werden, was mehr Raum für die Eintragungen zulässt. Im Lotus Organizer 5.0 ist dieses wöchentliche Zeitraster jetzt auch vorgesehen. Die Monatsansicht beider Systeme ist nahezu identisch.

MS Outlook – Ansicht Heute

Abbildung 12: Ansicht Heute bei MS Outlook

Interessant ist die Heute-Ansicht, die Aufgaben und Kalender für fünf Tage im Überblick bietet und über die eingegangenen E-Mails unterrichtet. Dieser Verknüpfung von Zeitplanung (Outlook) und E-Mail (Outlook Express) verdankt MS Outlook seine steigende Popularität.

7 Störungen

7.1 Störfaktoren und Lösungen

Ein perfektes Terminmanagement nützt nichts, wenn Sie ständig gestört werden. Plötzlich machen Sie Fehler, Sie brauchen länger, Sie werden gereizt, Überstunden drohen. Produktiv und zufrieden sind Sie nur, wenn Sie konzentriert – und in Ruhe – Ihre Aufgaben nicht nur aufschreiben, sondern auch erledigen können. Wenn Sie immer wieder neu beginnen müssen, dann kostet das Zeit und Mühe, um wieder an den Leistungspunkt heranzukommen. Dazu kommt: Je häufiger Sie unterbrochen werden, desto weniger Lust haben Sie weiterzuarbeiten.
Im Office ist das Telefon Störfaktor Nr. 1. An zweiter Stelle stört der Chef – man mag es kaum glauben – und an dritter Stelle stören die lieben Kollegen.
Das Telefon können Sie nicht abstellen, den Chef können Sie nicht entlassen und die Kollegen können Sie auch nicht tauschen. Was also tun? Sie legen ein Störprotokoll an. Sie müssen herausbekommen, wo in Ihrer konkreten Arbeitssituation die Störfaktoren liegen. Erst wenn Sie die Ursachen schwarz auf weiß vor Augen haben, gewinnen Sie auch die Überzeugungskraft, die Sie brauchen, um etwas ändern zu können. Mit dem Störprotokoll lernen Sie Ihre Störfaktoren kennen. Das macht eine Woche lang ein bisschen mehr Arbeit, bringt Ihnen aber Klarheit. Und vielleicht fallen Ihnen dabei zusätzlich – ganz spontan – einige Möglichkeiten ein, die Störungen auch zu beheben.

Hier der Auszug aus einem Störprotokoll.
Die Assistentin bearbeitet seit 9:00 Uhr die komplizierte Reisekostenabrechnung einer 10-Tage-Reise in die USA:

Störprotokoll

Unterbrechungen im Sekretariat

Unterbrecher	Uhrzeit	Dauer	Anlass
Chef	9:16	8 Minuten	Morgenkaffee
Kollegin	9:30	4 Minuten	Nachfrage klären
Kollege	10:01	3 Minuten	Kann ich schnell rein?
Anruf	10:30	5 Minuten	Absprache Meeting
Anruf	10:37	1 Minute	Termin vereinbart
Anruf	10:45	4 Minuten	Steuerbüro will Unterlagen
Chef	10:55	5 Minuten	Schnell was kopieren

Analysieren Sie:

- Treten die Störungen zu bestimmten Zeiten besonders häufig auf?
  Ja, ab 10 Uhr wird es hektisch!
- Sind es kleine, aber häufige Unterbrechungen?
  Ja, viele kleine Unterbrechungen, Ich werde immer wieder aus meiner Arbeit herausgerissen!
- Sind es bestimmte Personen, die Sie stören?
  Vor allem die Telefonate stören. Mein Chef ist etwas ungeduldig.

Aus diesem sehr kleinen Ausschnitt aus einem Vormittag im Office lassen sich bereits Schwachstellen ablesen.

Störzeiten

Störzeiten lassen sich voraussagen. Hier ist grafisch dargestellt, angelehnt an Seiwert 1996, wie häufig Störungen zu jeder Stunde des Tages durchschnittlich auflaufen. Es zeigt sich, dass in der Zeit von 10–12 Uhr Störungen am häufigsten auftreten, dass sie in der Mittagspause abklingen. Nach 14 Uhr, wenn alle wieder zurück sind, steigen sie noch einmal an und flachen dann ab. Vor 9 Uhr, in der Mittagspause und nach 17 Uhr ist es relativ ruhig: Das sind die Randzeiten.

Durchschnittlicher Prozentsatz an Störungen in der Zeit von 7–19 Uhr

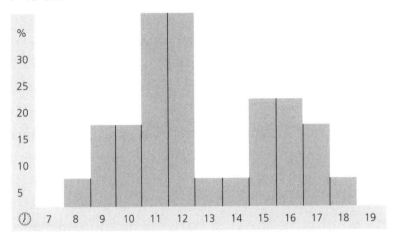

Wie sehen die Störungen in Ihrem Office aus?

- Schreiben Sie ein bis zwei Wochen alle Störungen minutiös auf. Dazu gibt's ein Störprotokoll unter Arbeitshilfen auf Seite 168.
- Erstellen Sie Ihre persönliche Störkurve. Dazu gibt's das Formular „Meine Störzeiten" unter Arbeitshilfen auf Seite 169.

Analysieren Sie anhand Ihrer Aufzeichnungen die Schwachstellen und überlegen Sie, welche Möglichkeiten Sie haben, Abhilfe zu schaffen.

Schwachstellen

- **Wann sind die Störungen am häufigsten?**
  Gibt es Mittel und Wege die Störungen zu reduzieren? Was ist dazu nötig? Wer kann Ihnen helfen?

- **Wer oder was stört am meisten?**
  Sind es bestimmte Personen? Könnte ein persönliches Gespräch helfen? Ist es das Telefon? Sind es Besucher? Ist es das ewige Kopieren? Steht der Kopierer weit weg? Was können Sie von sich aus organisatorisch ändern? Wer kann Sie unterstützen?
- **Gibt es überhaupt störungsfreie Zeiten?**
  Müssen Sie Ihren Tagesablauf neu organisieren? Andere Anfangs- und Endzeiten einrichten? Sich vertreten lassen? Geht das?

Zwei Stunden Konzentration schaffen

Wie kommen Sie – ausgerechnet im Office – zu einer ruhigeren Arbeitsatmosphäre, so ein bis zwei Stunden am Tag, für Aufgaben, die Ihre volle Konzentration erfordern? Sie meinen, das ist unmöglich? Bedenken Sie: 75–80 % der Arbeitszeit stehen Ihnen für alle anfallenden Aufgaben zur Verfügung – für alles und jedes. Nur 20–25 % benötigen Sie für die Sachbearbeitung, in die Sie immer mehr hineinwachsen. Ist es nicht vernünftig, hierfür auch die notwendige Arbeitszeit anzusetzen? Je konzentrierter Sie arbeiten können, desto schneller sind Sie fertig.
Die folgenden Lösungen zielen darauf ab, Störungen so einzugrenzen, dass Sie – zumindest für einen begrenzten Zeitraum – produktiv arbeiten können.

Lösungen

- die stille Stunde nutzen
- das Telefon entschärfen
- Signale vereinbaren
- Teamwork praktizieren

Lösung 1: Die stille Stunde nutzen

Sie kommen freiwillig früher oder gehen freiwillig später, um eine komplexe Aufgabe konzentriert zu bearbeiten.

Die stille Stunde in den Randzeiten ist nur dann still, wenn Sie in dieser Zeit auch konsequent still arbeiten. D. h. Sie nehmen garantiert keine Anrufe entgegen, Sie übernehmen garantiert keine anderen Aufgaben. Sie haben einen Termin mit sich selbst!

> Motto: Ich bin nicht da!

Lösung 2: Das Telefon entschärfen

Das Telefon zeitweise auf eine Sprach-Box umzustellen, ist sehr geschäftsmäßig. Das dürfen Sie! Aber begrenzen Sie die Zeit: auf 30 Minuten, auf eine Stunde oder zwei – je nach der Turbulenz Ihres Office.

> „Dies ist die persönliche Sprach-Box von ....
> Um 10 Uhr bin ich wieder für Sie da.
> Bitte haben Sie ein wenig Geduld. Ich vergesse Sie nicht!"

Und genau nach dieser Zeit rufen Sie zurück, bedanken sich für die Geduld und erledigen den Auftrag. Geben Sie Ihren Kunden und Partnern die Gewissheit, dass sie nicht vergessen werden.
Freunde haben mir erzählt, dass in den USA Geschäftspartner sehr vorsichtig sind mit der Benutzung des Telefons: „Vielleicht ist der Angerufene mit einer wichtigen Arbeit beschäftigt und ich störe!" Viel eher nutzt man E-Mail. Das ist ebenso schnell, hat aber den großen Vorteil, dass Aufgaben vom Empfänger gebündelt bearbeitet werden können. Damit steigt die Produktivität.

Lösung 3: Signale vereinbaren

> „Ich habe Zeit für dich" signalisiert die geöffnete Tür.
> „Ich arbeite konzentriert. Bitte, unterbreche mich nicht"
> signalisiert die geschlossene Tür.

Solche Signale müssen aber gegenseitig vereinbart werden. Das kann als Mail verteilt oder in einer Konferenz vorgetragen werden.

Wenn Sie lieber ein witziges Türschild aufhängen, bitte sehr! Machen Sie deutlich, wann Sie wieder zu sprechen sind:

> „Warte, warte noch ein Weilchen ...
> Ab 14:14 geht's wieder los."

Zum Türschild gehört eine Tür. Wenn Sie die nicht haben, weil Sie in einem mobilen Office arbeiten, signalisieren Sie auf andere Weise:

> Bunte Flagge auf dem Schreibtisch – Konzentrationsphase
> Weiße Flagge auf dem Schreibtisch – Kommunikationsphase

Lösung 4: Teamwork praktizieren

Man hat herausgefunden, dass Office-Mitarbeiter und -Mitarbeiterinnen hoch qualifiziert sind, dass es ihnen aber schwer fällt zu kooperieren. Wenn Sie erst erkennen, wie viel einfacher der Büroalltag durch Kooperation abläuft, wenn Sie erst erkennen, wie viel mehr Erfolg Sie durch Kooperation gewinnen, dann ist es gar nicht so schwer, den ersten Schritt zu tun, auf eine Kollegin, auf einen Kollegen zuzugehen und eine Arbeitsteilung zu probieren: Sich in der Mittagspause abwechseln, das Telefon umstellen, Checklisten austauschen ...

Vorbehalte

Wollen Sie wirklich Zeit für konzentriertes Arbeiten schaffen? Oder haben Sie Vorbehalte:

- Das geht bei uns nicht!
  Warum eigentlich nicht? Gewohnheit?

- Das verärgert den Chef oder die Kollegen!
  Wenn Sie Ihren Wunsch freundlich und sachlich ansprechen, warum sollten Sie dann kein Gehör finden?

- Dann habe ich nachher viel mehr Arbeit!
  Vielleicht, aber Sie haben auch Zeit und Ruhe schnell zu arbeiten,

keine Fehler zu machen, frisch nach Hause zu gehen. Und regelmäßige Absprachen bringen immer Langzeiterfolge. Also nicht gleich beim ersten Mal aufstecken.

- Dann bin ich nicht voll informiert!
  Machen Sie eine persönliche Übergabe. Sprechen Sie mit Ihrer Kollegin oder Ihrem Kollegen. Gehen Sie die Fälle gemeinsam durch. Beide lernen Sie dazu. Die persönliche Kommunikation ist immer noch die effektivste.

7.2 Ab und zu auch „nein" sagen können

Es ist ja so schön, „ja" zu sagen! Wer „ja" sagt, ist beliebt, bekommt Geschenke, macht Karriere. Aber wer „ja" sagt, muss auch „ja" tun. Und das kann Konsequenzen haben. Vielleicht Überstunden, weil man sich nicht getraut hat „nein" zu sagen? Vielleicht Sanktionen, weil man nicht „flexibel" ist?

„Nein" sagen ist aber gar nicht schwer. Man kann „nein" auf sehr freundliche, auf sehr charmante Weise sagen, ohne den anderen zu verletzen. Dann steigt sogar das Selbstbewusstsein. Das bringt Erfolg und Anerkennung.

Situation

Sie wollen nach Hause, dort wartet Ihr Kind, Ihr Chef aber verlangt Überstunden. Unterschiedliche Interessen stehen sich gegenüber. Der Wunsch, diese gleichzeitig zu realisieren, schafft den Konflikt. Wie kommen Sie da heraus?

Gemeinsam eine Lösung finden

- Erst einmal zuhören.
  Aktiv zuhören gibt dem anderen das Gefühl „Ich bin wichtig, ich

werde geachtet". Das bedeutet: ausreden lassen, Zuwendung signalisieren.

- Abwägen, was der andere will. Abwägen, was man selber will.
  Welche Konsequenzen hat ein „ja", welche Konsequenzen hat ein „nein"?
- Die eigenen Gedanken anschaulich darstellen.
  Das bedeutet: Mit eigenen Worten formulieren. Keine Monologe halten. Die eigene Befindlichkeit ansprechen.
- Aufeinander zugehen. Gemeinsam eine Lösung suchen.
  Weise Ratschläge helfen nicht weiter. Schuldzuweisungen sind fehl am Platz. Killerphrasen wie „Seien Sie flexibel" zerstören jeden Dialog. Ihr Ziel sollte eine gegenseitig abgestimmte Lösung sein: Entweder ein freundliches „nein" oder ein Kompromiss mit dem beide leben können.

Wie würden Sie entscheiden?

A	Sie sagt „nein", das Kind kann nicht warten.
B	Sie sagt „nein" und nimmt die Unterlagen mit nach Hause.
C	Sie sagt, das tut mir sehr Leid, gerade heute habe ich niemanden, der auf das Kind aufpassen kann. Wenn Sie mir einen Tag vorher Bescheid geben, kann ich mich einrichten. Bitte fragen Sie meine Kollegin, ob Sie Ihnen helfen kann.
D	Sie sagt „ja" und er schickt einen Babysitter.
E	Sie sagt „ja" und bekommt Gehaltserhöhung.
F	Sie sagt „ja" und meldet sich am nächsten Tag krank.

7.3 So klappt's mit dem Chef

Der Gedanke, dass der Chef die Arbeit stört, ist unvorstellbar. Aber das kommt vor. „Eigentlich müssten unsere Chefs hier sitzen", wünschen sich die Teilnehmerinnen in meinen Seminaren.

Warum klappt es nicht mit dem Chef?

- Er verschwindet, ohne zu sagen wohin.
- Er bringt nichts zurück.
- Er will alles sofort.
- Er findet nichts.
- Er fragt ständig nach.
- Er will von allem eine Kopie.
- Er informiert mich nie über Termine.

Sind Chefs planlos, ziellos, kopflos? Wohl nicht! Chefs sind halt anders. Chefs – hier meine ich Männer – haben ein anderes Arbeitsverhalten.

Chefs arbeiten anders

- Chefs machen keine Pausen.
- Chefs behalten Informationen gern für sich.
- Chefs machen vieles gerne selbst.

Vielleicht helfen diese Bemerkungen, Ihren Chef sympathischer erscheinen zu lassen. Sie können aber beide – Chef und Assistentin – dazu beitragen, die Zusammenarbeit erfolgreich *und* harmonisch zu gestalten.

Täglich fünf Minuten

Damit Sie nicht aneinander vorbeiarbeiten, ist das tägliche 5-Minuten-Gespräch mit Ihrem Chef – auch Ihrer Chefin – unbedingt notwendig. Es reicht nicht zu fragen „Gibt es etwas Neues?". Kurz und bündig sollte besprochen werden. Hier nur einige Anhaltspunkte:

Routinefragen an Chefs

- Welche Termine haben Sie inzwischen gemacht?
- Was ist gestern noch passiert?
- Wie sehen heute die Prioritäten aus?
- Sind Besuchstermine vorgesehen?

Diese fünf Minuten sind für beide Seiten gut angelegt. Sie vermindern Fehlplanung, Zeitverlust, Ineffektivität und Reibung. Und sie stärken die Zusammenarbeit.

Schaffen Sie Sympathie

Das tägliche 5-Minuten-Gespräch können Sie noch erweitern. Einmal pro Woche in lockerer Atmosphäre zusammensitzen ist ein Erfolgsrezept, um alle aufgelaufenen Fragen und Probleme durchzusprechen. Nehmen Sie – beide – dieses Gespräch sehr wichtig, mit festem Termin im Terminplaner. Genauso wichtig wie die Abteilungsleiterkonferenz.

Nutzen Sie im Gespräch auch die rückblickende Betrachtung, das Feedback: Was ist in dieser Woche gut gelaufen? Was können wir nächstes Mal besser machen? Waren wir erfolgreich? Gibt es etwas zu feiern?

Das Verhältnis Chef und Assistentin ist ein partnerschaftliches, von Achtung und Respekt geprägtes Arbeitsverhältnis – für beide. Wenn jeder auf den anderen ein bisschen zugeht, kann die Zusammenarbeit kontinuierlich gedeihen. Alle haben etwas davon: Chef, Assistenz und Unternehmen.

8 Selbstmanagement

8.1 Erfolgreich sein

Vor über hundert Jahren entdeckte der italienische Ökonom Vilfredo Pareto, dass Reichtum im England des 19. Jahrhunderts unausgewogen verteilt war: Eine Minderheit von 20 % der Einwohner verfügte über 80 % der Einkommen und des Vermögens. Unausgewogenheit war sogar berechenbar: 10 % der Bevölkerung hielten 65 % des Reichtums, 5 % der Bevölkerung aber 50 Prozent.
Später fand diese Erkenntnis als 20/80-Prinzip ihren Niederschlag im Wirtschaftsleben, zuerst in Japan, dann in den USA.
IBM entdeckte Anfang der 60er-Jahre, dass rund 80 % der Softwarezeit auf die Ausführung von nur 20 % der Befehle entfällt. Das Unternehmen schrieb sofort seine Betriebssoftware um. Später setzten Firmen wie Apple, Lotus oder Microsoft auf das 80/20-Prinzip mit noch größerem Enthusiasmus, um preiswerte und benutzerfreundliche Computer herzustellen.

Ein praktisches Beispiel

Wenn Sie wissen wollen, was in einem Buch, einem Bericht, einer Broschüre steht, dann lesen Sie den Schluss, überfliegen die Einleitung und noch einmal den Schluss; blättern kurz durch, um interessante Stellen zu finden. Danach wissen Sie – mit dieser Arbeitstechnik – zu 80 % Bescheid; zum Lesen benötigen Sie aber nur 20 % der Zeit. Das Entscheidende ist: Sie wissen, *welche* 20 % Sie aufwenden müssen, um 80 % Erfolg zu erreichen. Sie haben eine Lesestrategie.
Solche 80/20-Strategien können Sie auch für Ihr Office entwickeln.

Die Erfolgsstrategie

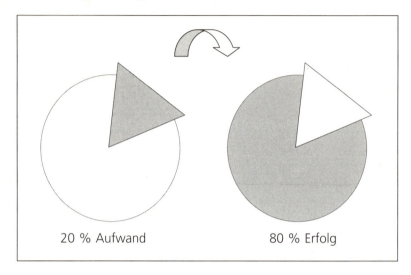

20 % Aufwand   80 % Erfolg

Erfolgsstrategien für Ihr Office

Wie kommen Sie zu einer Erfolgsstrategie? Durch Überlegung!

- Bei welchen Aufgaben sind Sie überaus erfolgreich?
  Gehen Sie Ihre Aufgabenliste durch. Prüfen Sie Ihre Erfolge.

- Bei welchen dieser erfolgreichen Aufgaben haben Sie mit wenig Aufwand viel erreicht? Dazu gibt's ein Formular unter Arbeitshilfen auf Seite 170.

- Können Sie daraus eine Strategie ableiten?

Meine Erfolgsaufgaben

Aufgaben und Tätigkeiten	wenig Aufwand, viel Erfolg	viel Aufwand, wenig Erfolg

Die Kernfrage ist: Wie haben Sie es geschafft, den Aufwand gering zu halten? Wie ist das gelungen? Welche Mittel haben Sie eingesetzt?
Nicht fleißige Betriebsamkeit hilft weiter. Sie können stundenlang an Unterlagen arbeiten, mit Geschäftspartnern telefonieren. Damit sind Sie beschäftigt, das kann sogar angenehm sein. Aber sind Sie damit auch erfolgreich? Anerkannt? Wertgeschätzt?
Es gibt Chefs, die stellen Ihren Mitarbeitern oder Mitarbeiterinnen absichtlich Aufgaben, die in der vorgegebenen Zeit nicht zu schaffen sind. Getestet werden soll, ob Sie in der Lage sind, genau die Aufgaben zu erkennen, um mit 20 % Aufwand 80 % Erfolg abzuliefern. Wohlgemerkt 80 % Erfolg und nicht 100 %. Perfektion ist aufwändiger. Brauchen Sie Perfektion?

8.2 Verantwortung übernehmen

Wer bin ich?

Selbstmanagement will Sie befähigen, Ihre Bedürfnisse, Ihre Fähigkeiten zu erkennen.
Deshalb finden Sie hier vier Leitfragen zu „Wer bin ich?" für die Antworten an Sie selbst. Müssen Sie Ihre Ziele und Wünsche neu überdenken?

- **Welche besonderen Fähigkeiten und Fertigkeiten habe ich?**
  Eine besondere Ausbildung, vielleicht im Ausland? Besondere Kenntnisse, vielleicht Fremdsprachen, Informatik, Philosophie? Besondere Fertigkeiten, vielleicht in Kunst, Gestaltung, Technik, Sport? Wie lassen sich diese Fähigkeiten und Fertigkeiten in meine Arbeit einbringen? Werden sie wertgeschätzt? Habe ich Wettbewerbsvorteile?

- **Welche Kompetenzen habe ich?**
  Sind diese Kompetenzen schriftlich fixiert in einer Stellenbeschreibung oder haben sie sich im Laufe der Zeit so entwickelt? Was mache ich, wenn mein Chef geht? Entsprechen die Kompetenzen mei-

nen Wünschen? Steigt dadurch mein Prestige oder macht das nur mehr Arbeit? Will ich mehr Einfluss? Mit welcher Strategie?

- **Was ist mir bei meiner Tätigkeit wichtig?**
  Welches sind für mich die drei wichtigsten Werte? Worauf lege ich den größten Wert? Kann ich das in meinem jetzigen Aufgabengebiet ausleben? Muss ich etwas ändern? Wer könnte mir behilflich sein?

■ Anerkennung
■ Einkommen
■ Fachkompetenz
■ Führungsposition
■ Herausforderung
■ Kontakt
■ Kreativität
■ Ordnung
■ Selbstständigkeit
■ Sicherheit

- **Welcher Arbeitsbereich entspricht mir?**
  Bin ich richtig eingesetzt? Würde ich gerne in einer anderen Position arbeiten? Was habe ich bisher erreicht? Wie soll es weitergehen?

Die Arbeit überdenken

Reflexion bedarf es auch bei der Arbeit selbst. Wie erledige ich meine Aufgaben? Bin ich mit mir zufrieden? Sind auch die andern mit mir zufrieden?

Nachdenken allein genügt nicht, zum Untermauern Ihrer Wünsche benötigen Sie Fakten und die liefern Ihnen Ihre Aufgabenliste und die Tagespläne.

Probieren Sie es einmal aus. Am Ende einer Woche nehmen Sie sich eine halbe Stunde extra Zeit und gehen in Gedanken die Woche durch:

Gedanken über meine Arbeit
- Habe ich die Prioritäten richtig gesetzt?
- Habe ich den Zeitbedarf richtig eingeschätzt?
- Habe ich ausreichend Pufferzeiten vorgesehen?
- Habe ich das Richtige zum richtigen Zeitpunkt getan?
- Was mache ich nächste Woche besser?

Die eigenen Arbeitsgewohnheiten überprüfen

Manchmal behindert man sich selbst. Die eigenen Hindernisse zu erkennen ist auch ein Ziel des Selbstmanagement: In einer ruhigen Minute über die eigene Arbeitsleistung nachzudenken und Verbesserungsmöglichkeiten zu suchen ist ein guter Schritt. Das bringt Erkenntnis, Selbstvertrauen und Durchsetzungskraft.

Nicht erst Anordnungen von oben abwarten, sondern durch eigene Initiative, durch eigene Reflexion neue Wege suchen und finden. Oft kennen Sie Ihre kleinen Schwächen ja, aber Sie schieben Sie weg. Hier ist der richtige Ort, sie zu akzeptieren – und abzustellen.

Schwäche Nr. 1: Aufgaben aufschieben

Bei manchen umfangreichen Aufgaben läuten schon mal die Alarmglocken. Sie bauen sich Barrieren auf. Das schaffe ich nie! Bei welchen Aufgaben passiert Ihnen das? Dagegen gibt es einen einfachen Trick: Die umfangreiche Aufgabe wird zwar nicht kleiner, aber in kleine Stücke zerlegt. Sie bearbeiten zum Beispiel einen Bericht von 100 Seiten in kleinen Portionen von je 20 Seiten. Jede einzelne Aufgabe schreiben Sie getrennt in Ihre Aufgabenliste und planen sie dann Stück für Stück terminlich ein. Wie das geht steht in Kapitel 5 Terminmanagement. Dann haben Sie täglich etwas abzuhaken. Es geht voran, der Berg wird kleiner. Das schlechte Gewissen auch.

Schwäche Nr. 2: Fleißig ohne Erfolg

Sie sind unheimlich fleißig und die Arbeit macht Ihnen auch Spaß. Ihr Schreibtisch quillt über. Sie sind beschäftigt, das sieht man. Trotzdem wachsen Ihnen die Dinge manchmal über den Kopf. Wie wird das besser? In all der Betriebsamkeit einen geistigen Stopp einbauen: Erst überlegen, dann loslegen. Habe ich die richtigen Prioritäten gewählt? Ist diese Sache wirklich sehr wichtig (A) oder nur eilig (C)? Oder trauen Sie sich nicht, „nein" zu sagen, wenn Ihnen wieder einmal ein Berg Arbeit auf den Tisch gelegt wird mit den Worten: „Das muss unbedingt noch heute raus!" Wie man „nein" sagt, lesen Sie in Kapitel 7 Störungen, wie man Prioritäten auswählt in Kapitel 5 Terminmanagement.

- *Schwäche Nr. 3: Das kann nur ich*
  Stimmt das wirklich? Gibt es wirklich niemanden, der Sie ersetzten kann? Haben Sie es noch nie ausprobiert? Wie lange machen Sie den Job schon? Wann waren Sie zuletzt bei einer Fortbildung? Sind Sie bei den Kollegen beliebt? Was sagt Ihr Chef?

- *Schwäche Nr. 4: Perfekt sein wollen*
  Sie dürfen perfekt sein. Dieses Buch heißt ja so. Doch sind Sie vielleicht überperfekt? Haben Sie Angst, etwas falsch zu machen? Wurden Sie für einen Fehler schon einmal bloßgestellt oder sanktioniert? Ist das schon einmal vorgekommen? Was kostet Ihr Perfektionismus? Lohnt sich das? Niemand ist immer perfekt. Manchmal ist es auch angebracht, nur zu 80 % perfekt zu sein. Vertrauen Sie darauf, dass Sie gut sind. Das stärkt Ihr Selbstvertrauen.

8.3 Berufliche und private Ziele im Gleichgewicht

In einer Zeit, in der die Anforderungen an die beruflichen Aufgaben ständig steigen, wo Flexibilität zum Schlagwort wird, in einer Arbeitswelt der Veränderungen und Fusionen kommen wir nur zurecht, wenn wir die Arbeit nicht als einziges Mittel des persönlichen Erfolgs sehen. Die Arbeit hat einen wichtigen Stellenwert im Leben eines jeden Menschen, aber sie ist nicht alles. Wir brauchen Gegenpole zur Arbeit. Was könnte das sein?

Gegenpole zur Arbeit

- eine gute Beziehung zum Partner
- Pflege von Freundschaften
- Beschäftigung mit Kindern
- eine sportliche oder künstlerische Betätigung
- Besuch kultureller Veranstaltungen
- ausreichend Zeit für Erholung

Wo stehen Sie? Haben Sie davon schon einiges verwirklicht? Gibt es hier Nachholbedarf? Solchermaßen ausgestattet, trotzen Sie auch schweren Stürmen im beruflichen Umfeld.
Im neuen Zeitmanagement hat man diese Notwendigkeiten erkannt und geht dazu über, die Woche als erste Planungseinheit anzusetzen, weil sie Berufsleben und Privatleben aufs Beste vereint.

Wochenpläne

Der Wochenplan bezieht die unterschiedlichen Rollen mit ein, die wir – beruflich wie privat – einnehmen, die für unser Leben wichtig sind und die wir nicht aus den Augen verlieren dürfen:
Im Beruf die Rolle der qualifizierten Mitarbeiterin oder des qualifizierten Mitarbeiters, die Rolle der Kollegin oder des Kollegen, des Betriebsrats- oder Ausschussmitglieds, der Chefin oder des Chefs. Privat die Rolle der Ehefrau oder des Ehemanns, der Lebenspartnerin oder des Lebenspartners, der Freundin oder des Freunds, der Mutter oder des Vaters, der Sportlerin oder des Sportlers.

Selbstmanagement

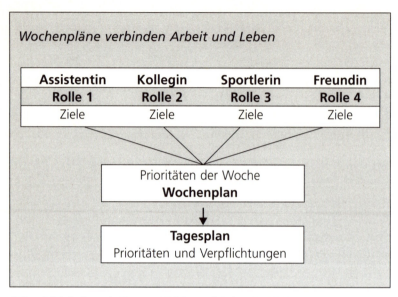

Schaubild frei nach Covey, 1999, und Seiwert, 2000

9 Tagesablauf

9.1 Wo bleibt Ihre Arbeitszeit?

Einen Überblick verschaffen

Fragen Sie sich manchmal, was Sie eigentlich den ganzen Tag gemacht haben? Den Tagesablauf gut zu organisieren, dazu gehört eine Menge Talent. Um richtig gut zu sein oder zu werden, fügen Sie noch eine Portion Selbstmanagement hinzu. Überprüfen Sie – durchaus in regelmäßigen Abständen – in was Sie Ihre Arbeitszeit investieren. Sie werden erstaunt sein.

Für einen Wochenüberblick benötigen Sie Ihre Aufgabenliste und Ihre Tagespläne der Woche. Dort sind Ihre Aktivitäten mit Zeitbedarf dokumentiert. Fassen Sie dann zusammen:
- Wie viel Zeit habe ich für Telefongespräche verwendet?
- Für den Schriftwechsel?
- Für Kontakte im Office?
- Für Sitzungen, Meetings, Konferenzen und deren Nachbearbeitung mit Protokollen?
- Welche Sachbearbeitungsaufgaben habe ich erledigt? Z. B. Reisekostenabrechnungen, Redaktion von Berichten, Materialbeschaffung?
- Wie steht es mit Planungs- und Organisationsaufgaben? Z. B. Reise- und Besuchsplanung oder für die Tagespläne?

Die Ergebnisse übertragen Sie dann (in % der wöchentlichen Arbeitszeit) in die folgende Aufstellung. So haben Sie Fakten für die Neuorganisation in Ihrem Office.

Wo bleibt Ihre Arbeitszeit?	%
Posteingang Postausgang	
Schriftwechsel Briefe, E-Mails, Faxe	
Telefon	
Kontakte intern zu Chef, Kollegen, Mitarbeitern	
Infos beschaffen und lesen	
Sitzungen, Meetings, Konferenzen incl. Vor- und Nachbearbeitung (Protokolle)	
Planung und Organisation (Reisen, Besuche, Tagesplan)	
Sachbearbeitung (Reisekostenabrechnungen, Redaktion, Materialbeschaffung)	
Arbeitszeit ohne Störungen (Ergebnisse des Störprotokolls abziehen)	
Arbeitszeit mit Störungen	100 %

Sind Sie mit dem Ergebnis zufrieden? Stehen Ihre Tätigkeiten auch in der Stellenbeschreibung? Können Sie einige Arbeiten weglassen oder delegieren? Nur mit Fakten können Sie argumentieren und Ihre Arbeit im Office effektiv und effizient gestalten.

Was machen Sie wann?

Vielleicht beginnen Sie den Tag erst einmal mit Kleinigkeiten und mit einer Tasse Kaffee, um sich in Schwung zu bringen für einen interessanten Tag. Gut begonnen ist halb gewonnen.
Dann sollten Sie aber konzentriert nach Plan loslegen. Erfahrungsgemäß sind die Morgenstunden ideal für schwierige Aufgaben, weil man dann noch frisch ist und hoffentlich weniger gestört wird. Sonst richten Sie eine stille Stunde frühmorgens ein.

Die einfachen Aufgaben sind gut nach der Mittagspause platziert. Das ganze Geheimnis eines wohl ablaufenden Arbeitstages im Office ist: Aufgaben bündeln, Abläufe optimieren.

Nicht mal schnell ein Telefonat, dann zum Kopierer, eine schnelle E-Mail prüfen, die Eingangspost zwischendurch erledigen, eine Kollegin beruhigen ... Besser ist es, Aufgaben zu bündeln und sie in einer sinnvollen Reihenfolge zu bearbeiten.

Bündeln Sie Ihre Aufgaben

- **Sachbearbeitung im Block**
  Dazu eignet sich am besten der frühe Morgen. Nicht erst mit vielen Kleinigkeiten die beste Zeit vergeuden, sondern gleich zur Sache gehen. Deshalb machen Sie ja den Tagesplan am Vorabend, damit Sie morgens frisch und tatenfroh die wichtigen Dinge erledigen können. Das macht ein gutes Gefühl für den ganzen Tag.

- **Telefonate im Block**
  Hier sind die Telefongespräche gemeint, die Sie zu führen haben. Wenn ein Gesprächspartner nicht erreichbar ist, machen Sie mit dem nächsten weiter. So vermeiden Sie lange Wartezeiten. Am besten merken Sie sich im Tagesplan einen festen Termin für Telefongespräche vor. Günstige Telefontermine sind: 10–12 Uhr und 14–15 Uhr.
  Wie Sie mit eingehenden Telefongesprächen umgehen steht im Kapitel 7 Störungen.

- **Posteingang im Block**
  Dies ist beispielhaft für die Ablaufplanung in Kapitel 3 Posteingang beschrieben.

- **Schriftwechsel – ob Fon, ob E-Mail, ob Fax – im Block**
  Übrigens: Es wurde untersucht, wann im Office E-Mail, Fax oder Fon den Vorzug erhalten. Hier das Ergebnis: Wenn es um Fakten geht, wird das Fax gewählt. Also Auftragsbestätigung, Formular, Anmeldung etc. Wenn die Angelegenheit verbindlich mitgeteilt werden soll, wählt man eher Brief oder E-Mail. Das Telefon wird eingesetzt,

um eine schwierige Angelegenheit zu klären, eine Reklamation zum Beispiel. Die meisten Gesprächspartner nehmen den Hörer links ab. So wird der Anruf zuerst von der rechten Gehirnhälfte aufgenommen, und die ist weitaus konzilianter als die linke. Ein Tipp also für alle schwierigen Verhandlungen und Gespräche: nicht per Brief oder Mail, nicht per Fax, sondern per Fon.
www.equisys.com Press releases.

- **Planungsaufgaben im Block**
  Nichts ist schlimmer als aus organisatorischen Arbeiten immer wieder herausgerissen zu werden. Zu leicht verliert man den roten Faden. Wenn es einmal doch nicht zu ändern ist, denken Sie den nächsten Schritt schon vor, machen sich eine kurze Notiz und unterbrechen erst dann. So kommen Sie in eine schwierige Materie schneller wieder rein.

- **Pausen zwischen den Blöcken**
  Das muss unbedingt sein, wenn Sie sehr konzentriert gearbeitet haben. Auch ein Wechsel zwischen kurzen, konzentrierten Tätigkeiten (Vorgänge, Berichte, Statistik) und Routinetätigkeiten (Posteingang, Postausgang) hilft gegen Ermüdung.

So könnte ein Tagesablauf aussehen

Tagesablauf 50 % der Arbeitszeit verplant	Tagesablauf 50 % der Arbeitszeit verplant
Sachbearbeitung	Planung und Organisation
Kontakte	Telefonate
Posteingang	Posteingang
Telefonate	Kontakte
Schriftwechsel	Schriftwechsel
Sitzungen, Meetings, Konferenzen	Infos beschaffen und lesen
Postausgang	Postausgang
Tagesplan	Tagesplan

Diese Übersicht soll Ihnen eine Idee davon geben, wie Sie Ihren Tagesablauf routinierter gestalten können, natürlich in Absprache mit Kollegen, Mitarbeitern und Chef.

Für Störungen und unvorhergesehene Aufgaben sind 50 % Pufferzeit vorgesehen.

Wenn Sie in Ihrem Office nur 20 % Arbeitszeit einplanen können und 80 % Pufferzeit benötigen, dann ist diese Aufstellung eine Hilfe, mehr Überschaubarkeit in Ihren Arbeitstag zu bekommen. Sie wissen dann auch, wann Sie bestimmte Termine legen können, wann Sie Ihre eigenen Aufgaben am besten erledigen können.

Letzte Fragen

Es ist kurz vor Arbeitsende. Haben Sie die Dinge auf den richtigen Weg gebracht? Haben Sie sich heute wohl gefühlt?

	Arbeitsende	✓
1	Eingangskörbchen leer?	
2	Ausgangskörbchen leer	
3	Papierkorb voll?	
4	Wiedervorlage überschaubar?	
5	Abzulegendes in den Ordnern?	
6	Tagesplan für den nächsten Tag erstellt?	
7	Schreibtisch einladend für den nächsten Tag?	

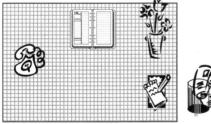

Und morgen beginnt ein neuer Tag!

9.2 Wenn Sie nicht da sind

Wenn Sie nicht da sind, bricht alles zusammen. So sollte es nicht sein. Deshalb haben Sie vorgesorgt mit einem Organisationshandbuch, auch Job-Handbuch genannt. Das klingt aufwändig, ist es aber nicht. Es ist eine Art „Bibel fürs Büro". Da findet Ihre Vertretung alles, was sie für ihre Arbeit benötigt. Vielleicht stellen Sie so ein Organisationshandbuch gemeinsam mit Ihren Kolleginnen und Kollegen her.
Zuerst tragen Sie jede Menge Materialien zusammen. Die folgende Aufstellung hilft Ihnen bei der Auswahl. Diese Unterlagen bringen Sie am besten in einer Hängemappe im Schreibtisch unter, und zwar gleich vorn. Das ist eine dynamische Akte, da schlagen Sie häufig nach. Und Ihre Vertretung findet sie sofort. Alle Kolleginnen und Kollegen könnten ein Organisationshandbuch anlegen.

Vorteile des Organisationshandbuches

- **Transparentes Office**
  Informationslücken, die durch Abwesenheit oder Stellenwechsel entstehen, werden geschlossen. Arbeitsschritte können für jeden Arbeitsplatz dokumentiert werden und sind für Dritte nachvollziehbar.

Ideen für das Organisationshandbuch

	Was muss Ihre Vertretung wissen?	✓
1	Aufgabenbeschreibung	
2	Organigramm	
3	Aktenplan, Aktenverzeichnis	
4	Checkliste: Akten anlegen, Akten auflösen	
5	Abkürzungsverzeichnis	
6	Telefonliste	
7	Wichtige Begriffe	
8	Unterschriftsberechtigung	
9	Mustertexte mit Dateinamen	

10	Tägliche, wöchentliche Routinen
11	Schlüsselplan
12	Kennwörter PC (oder den Namen eines Vertrauten angeben, der die Kennwörter kennt)
13	Wer kann helfen bei ...
14	Wer liefert was ...
15	Reisevorbereitung
16	Planung von Veranstaltungen
17	Besucherbetreuung
18	Büromaterial gibt es bei ...
19	Chefvorlieben
20	Geburtstagsliste

Da Sie im Office sicher vernetzt sind, können Sie die Informationen auch ins Netz stellen, entweder für alle Sekretariate im Hause – mit besonderen Zugriffsrechten – oder für alle Interessierte. Das hat den großen Vorteil, dass immer wieder neue Ideen dazukommen, weil viel mehr Mitarbeiter beteiligt sind und das Unternehmenswissen so auch greifbar und verwertbar ist. Allerdings braucht es ein bis zwei kompetente Personen, die für die Pflege des Handbuches im Netz zuständig sind.

Zusätzliche Vorteile eines elektronischen Organisationshandbuches

- **Optimaler Informationsfluss**
  Alle haben jederzeit Zugriff auf die Informationen. Neue Informationen können problemlos ergänzt werden. Der Papier-, Verteil- und Archivierungsaufwand verringert sich deutlich.

- **Wissensmanagement**
  Vom Spezialwissen der Mitarbeiterinnen und Mitarbeiter profitieren alle. Am Ende eines jeden Kapitels steht, wer zuständig ist. Da lässt sich direkt nachfragen. So bleibt das Wissen – auch über Abteilungen hinaus – abrufbar.

Vielleicht haben Sie Lust bekommen, ein Organisationshandbuch anzulegen. Probieren Sie es einmal.

10 Sitzungen, Meetings, Konferenzen ...

Wenn Sachverhalte zu klären sind, Lösungen schwieriger Fragen anstehen oder ein Kreis von Mitarbeitern gut informiert sein soll, dann wird ein Treffen angesetzt. Abteilungsleiter treffen sich zu einer Sitzung; der Chef hat den Vorsitz. Wenn sich Kollegen zusammentun, um ein schwieriges Problem zu erörtern, nennt man das Meeting. Wenn sich die Mitglieder eines ganzen Fachbereichs zur monatlichen Fachbereichskonferenz versammeln, dann erwarten sie interessante Informationen. Sitzungen, Meetings, Konferenzen sind in diesen Beispielen interne Veranstaltungen, die gut vorbereitet sein wollen. Was können Sie im Office tun, um Ihren Chef zu entlasten?

10.1 Gut begonnen ist halb gewonnen

Zuallererst muss Ihr Chef, Ihre Chefin Ihnen die sechs Ws beantworten:

Wer?	Teilnehmer, Beteiligte, Vorsitz
Wie?	Sitzung, Meeting, Konferenz ...
Was?	Thema, Tagesordnung, Unterlagen
Wann?	Datum, Uhrzeit, Dauer
Wo?	Ort, Raum, Technik
Was noch?	

Jetzt beginnt Ihre Planung: Sie legen eine Mappe „Teamsitzung 20.10." an, holen Ihre Checkliste heraus und los geht's. Ihren Chef halten Sie – zur Abstimmung – mit kurzen, aber regelmäßigen Notizen oder Mails auf dem Laufenden.

Planung von internen Veranstaltungen   Stand 15.10.

Teamsitzung 20.10.	Begonnen am:	Beendet am:	OK ✓
Start	10.10.		✓
Teilnehmer ausgewählt?	10.10.	10.10.	✓
Beteiligte informiert?	10.10.	10.10.	✓
Vorsitz geklärt?	10.10.	10.10.	✓
Thema abgesprochen?	10.10.	12.10.	✓
Tagesordnung abgestimmt?	12.10.	14.10.	✓
Datum, Uhrzeit, Dauer festgelegt?	10.10.	14.10.	✓
Ort, Raum gebucht?	10.10.	10.10.	✓
Unterlagen vorbereitet?	14.10.	15.10.	✓
Einladung mit Tagesordnung verteilt?	15.10.	15.10.	✓
Technik, Ausstattung geprüft?	15.10.		
Bewirtung geklärt?	15.10.		
Ende			

Teilnehmer, Beteiligte, Vorsitz

Sind die Richtigen ausgewählt?
Wie werden Sie einladen?

Sitzung, Meeting, Konferenz ...

Natürlich gibt es noch eine Reihe anderer Treffen im Unternehmen: ein Workshop zum Beispiel, wenn Schulung im Mittelpunkt steht. Oder eine Besprechung – sogar eine unter vier Augen –, wenn das persönliche Gespräch weiterbringen soll. Oder eine Mitarbeiterversammlung.

Die Raumgestaltung hat Auswirkungen auf das Ergebnis:

Thema, Tagesordnung, Unterlagen

Das Thema liegt in der Regel fest. Daraus ergibt sich die Tagesordnung mit der Themenübersicht. Es ist geschickt, alle Beteiligten von Anbeginn in die Gestaltung einzubinden. Das gibt ihnen die Möglichkeit, auch eigene Themen einzubringen.

Die Tagesordnung enthält die TOPs, die Tagesordnungspunkte oder Themenschwerpunkte. Die sehr wichtigen (Priorität A) kommen zuerst. Jeder TOP bekommt einen geschätzten Zeitrahmen. Auch Beginn und Ende der Veranstaltung sind auf der Tagesordnung vermerkt; das schafft Terminklarheit.

Zusammen mit der Einladung leiten Sie die Tagesordnung weiter: an Teilnehmer, an Beteiligte und an den Vorsitzenden, möglichst einige Tage vorher. So haben alle zumindest die Chance, sich vorzubereiten. Steht die Tagesordnung, ist auch klar, welche Unterlagen benötigt werden und ob Sie noch einiges herstellen müssen.

Was noch?

- Folien?
- Präsentation?
- Handout?
- Bericht?

Diese Aufgaben notieren Sie – ganz nach den Regeln des Terminmanagement – in Ihrer Aufgabenliste mit Priorität, Zeitbedarf und Fälligkeit – gute Voraussetzungen für eine termingerechte Erledigung.
Manchmal wird es nötig sein, eigene Themenmappen anzulegen. Das hat den großen Vorteil, dass Unterlagen, die zu mehreren Sitzungen benötigt werden, immer zur Hand sind und nicht mit den Sitzungsunterlagen vermengt werden.

Datum, Uhrzeit, Dauer

Entweder klären Sie gleich über Ihre elektronische Terminplanung, welches Datum für alle Beteiligten günstig ist, oder Sie machen das konventionell, indem Sie mehrere Möglichkeiten vorgeben und diese telefonisch abfragen (siehe Seite 34).
Montagmorgen um 8:00 Uhr oder Mittwochabend um 18:00 Uhr oder gar Freitagnachmittag um 16:00 Uhr sind keine guten Veranstaltungstermine. Interne Veranstaltungen sollten mit dem üblichen Arbeitszeitende auch abgeschlossen sein. Ich erinnere mich an eine interne Veranstaltung, die am Gründonnerstag von 15 bis 18 Uhr angesetzt war. Die halbe Belegschaft war bereits in den – wohlgemerkt wohlverdienten und genehmigten – Osterferien!
Die Dauer der Treffen muss von vornherein bekannt sein, denn davon hängen Folgetermine ab.

Ort, Raum, Technik

Der Sitzungsraum prägt das Gesprächsklima. Hübsche Blumen sorgen für eine positive Atmosphäre. Testen Sie den Raum. Wenn Sie buchen, denken Sie an Pufferzeiten! Für eine Sitzung von 15 bis 17 Uhr buchen

Sie von 14 bis 18 Uhr, damit Sie in Ruhe alles vorbereiten können und Puffer ist, falls es einmal doch etwas länger dauern sollte.
Und die Technik? Was nützt die tollste Präsentation, wenn kein Beamer vorhanden ist oder die Auflösung nicht stimmt? Informieren Sie sich unbedingt, welche Technik der Vortragende benötigt.

Was fehlt?

- Wo steht der Beamer?
- Sind Stellwände, Flipchart und OHP vorhanden?
- Wie steht es mit den Kleinigkeiten:
  Verlängerungskabel, Ersatzbirnen, Laserpointer, Klebeband, Stifte, Karten, Nadeln?
- Fehlt vielleicht eine Uhr?
- Und die Bewirtung?
  Mineralwasser, Obst?
  Kaffee, Espresso, Gebäck?
  Wer macht's?

10.2 Pünktlich, kurz und wirkungsvoll

Ich erinnere mich an einen Kommunikationsprofessor, der sich sehr gestört fühlte, wenn seine Studenten unpünktlich eintrafen. Zu Beginn des Semesters entfachte er regelmäßig folgende Diskussion: „Passt es Ihnen besser, wenn wir um 15:55 Uhr beginnen oder ist für Sie 16:05 besser?" Darüber debattierte er 15 Minuten. Wir hatten die Botschaft verstanden und waren das nächste Mal pünktlich um 16:00 Uhr da.
Wenn in Ihrem Unternehmen Pünktlichkeit keine Zier ist, dann versuchen Sie es doch einmal mit 14:14 Uhr. Solche überpräzisen Termine prägen sich ein. Denken Sie an den 11. 11., 11:11 Uhr. Da weiß jeder, was gemeint ist.
Es gibt immer wieder Kollegen – und Chefs! –, die nicht pünktlich sind. Dieser Personenkreis ist bekannt. Rufen Sie kurz vorher an und erinnern Sie freundlich, aber bestimmt an das Treffen. Manchmal hat man damit Erfolg. Sonst: Wer zu spät kommt, der macht Protokoll. Die Sitzung fängt in jedem Falle pünktlich an.

Durch straffe Zeitlimits bei den TOPs kommt man – auch bei großen Versammlungen – fristgerecht durch.

Die Pausen sind extrem wichtig. Warum nicht nach einer knappen Stunde bereits eine kurze Pause einlegen, um die Konzentrationsfähigkeit zu stärken. Idealerweise steht die Pause schon in der Tagesordnung.

Übrigens: Haben Sie noch einige Exemplare von Tagesordnung, Einladung und Unterlagen? Vielleicht kommt kurzfristig noch ein Mitarbeiter dazu oder es hat doch einmal jemand seine Sachen vergessen! Den können Sie retten.

Hier noch ein prima Tipp für wirkungsvolle Veranstaltungen:
Verfügen Sie über eine Stellwand und Moderationsmaterial? Dann lässt sich die Tagesordnung visualisieren: Sie geben die TOPs an, dazu das Ziel, das damit verfolgt wird, und protokollieren im Laufe des Treffens die Ergebnisse. Jeder Teilnehmer hat auf diese Weise TOPs, Ziele und Ergebnisse immer vor Augen, unnütze Diskussionen werden vermieden – und am Ende ist sogar das Protokoll fertig; es braucht ja nur noch abgeschrieben zu werden, als Text oder – warum nicht? – als Tabelle:

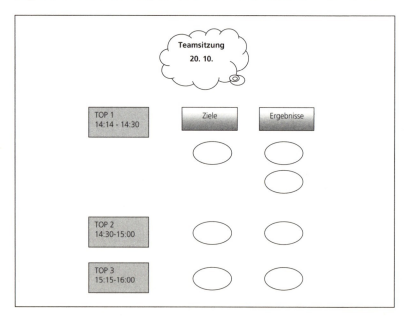

10.3 Ende gut, alles gut

Geschafft! Die Sitzung ist gut gelaufen und auch pünktlich zu Ende gegangen. Ist es Ihre Aufgabe, das Protokoll zu schreiben? Oft kommt es bei diesen Treffen zu Beschlüssen, die auch für nicht anwesende Mitarbeiterinnen und Mitarbeiter von Bedeutung sind. Das machen Sie: Sie informieren die Mitarbeiter, überwachen die Umsetzung der Ergebnisse und koordinieren die neuen Termine – ganz im Sinne des perfekten Terminmanagement.

Dann kommt das Chefgespräch. Sie blicken noch einmal zurück und beurteilen das Geschehen.

Feed-back

- Was ist gut gelaufen?
- Was können wir besser machen?
- Waren die richtigen Leute da?
- Hat die Planung gestimmt?
- War der Zeitpunkt gut gewählt?
- War die Tagesordnung übersichtlich?
- Wurden alle TOPs bearbeitet?
- Nehmen wir den Raum wieder?
- Muss Technik repariert werden?
- Hat sich das Ganze gelohnt?

So wird die nächste Sitzung, das nächste Meeting, die nächste Konferenz ein echtes Event in Ihrem Unternehmen.

11 Gute Briefe

11.1 Businesslike

Der Briefstil hat sich gewandelt. Er ist persönlicher geworden, denn Briefe werden mit Partnern ausgetauscht: mit Geschäftsfreunden, mit Kunden, mit Interessenten. Da passt der alte Kanzleistil nicht mehr. Individualität ist gefragt bei Telefongesprächen wie bei Briefen.
Mit diesem Geschäftsbrief fiel Bungert, 1997 (siehe Buchtipp Seite 106) in Deutschland auf:

Ein ungewöhnlicher Brief

- „Guten Tag. Herr Backes" hieß es da und nicht „Sehr geehrter Herr Backes".
- „Viele Grüße nach Saarbrücken" las man erstaunt anstatt „Mit freundlichen Grüßen".
- „Es geht voran" tönte es im Betreff anstatt „Ihr Bauvorhaben".
- „Falls Sie noch Fragen haben, hier meine Telefonnummer". So wurde das Postskriptum offensiv eingesetzt.

Seither schleicht sich die persönliche Note in die Briefe ein. Hin und wieder probiere ich es auch und grüßte aus dem stürmischen Hamburg ins geschäftige Frankfurt oder ins sonnige Freiburg. Und siehe da, das Schreiben machte mehr Spaß; Eindrücke der persönlichen Schreibatmosphäre schwappten über. Die Mitteilung durfte (endlich) auch ein bisschen persönlich sein.

Ein Muss für jeden Brief

- Neue Rechtschreibung
- Flattersatz
- Persönlich

Ein Vergleich

Ihre Anfrage vom …

Sehr geehrter Herr Breitbach,
anbei erhalten Sie unser Angebot 34/00, aus dem Sie alles Weitere ersehen können. Wir würden uns freuen, den Auftrag erhalten zu können und sichern Ihnen prompte Erledigung zu.
Mit freundlichen Grüßen
(Unterschrift)

Wir freuen uns auf die Zusammenarbeit mit Ihnen

Guten Tag Herr Breitbach,
wir freuen uns, dass Sie sich für unsere Produkte interessieren. In unserem Angebot informieren wir Sie ausführlich darüber.

Viele Grüße nach Ulm
(Unterschrift)

Sollten Sie noch Fragen haben – meine Durchwahl …

Begleitschreiben zum Angebot nach Bungert, 1997, S. 155

11.2 Der eigene Stil

Mit guten Briefen fallen Sie auf. Gute Business-Briefe sind inhaltlich klar strukturiert und lebendig formuliert. Wie erreichen Sie das?

Komplexe Sachverhalte strukturieren

Wenn Sie schwierige Briefe zu formulieren haben, dann hilft Ihnen diese Formulierungstechnik:

Sammeln Sie Stichwörter auf Karteikärtchen. Auf jede Karteikarte eines. Ordnen Sie die Kärtchen den folgenden Briefelementen zu:

Bezug
Betreff
Anrede
Anfang
Schluss
Gruß
Anlage
PS

Und dann beginnen Sie den Dialog mit sich selbst:

- Womit fange ich an?
- Was ist ein wirkungsvoller Schluss?
- Finde ich einen knalligen Betreff?
- Was ist das Positive? Das zuerst!
- Möchte ich persönlich grüßen?
- Was brauche ich nicht?
- Kann ich das noch einfacher sagen?
- Floskeln dabei? – Raus!
- Klingt es gut?

Das ergibt eine Grobstruktur für Ihren Brief, für Ihr Protokoll, für Ihren Bericht und Sie können frisch drauf los formulieren. Das muss überhaupt nicht perfekt sein. Ihre vielen Ideen werden erst einmal festgehalten. Jetzt machen Sie am besten eine Pause – noch besser: Sie lassen die Sache einen Tag ruhen. Dann der Endspurt: die Endredaktion für lebendiges Formulieren. Hier ein paar Anregungen:

Alle Satzzeichen genutzt?

Business-Stil in Brief oder E-Mail ist geprägt von der Spontaneität und

Lebendigkeit mündlicher Kommunikation. In schriftlicher Kommunikation erreicht man das durch kurze Sätze und eine Menge Satzzeichen – beim Punkt hört es nicht auf. Hier ein Beispiel aus Bungert, 1997, S. 149:

> „Seit Jahren arbeiten wir gut zusammen. Und jetzt? – Sie schicken uns einen Brief. – Preiserhöhungen! Und das ohne Begründung ..."

Gefällt Ihnen das?

Punkt, Fragezeichen, Ausrufezeichen schließen einen Satz ab. Komma, Semikolon, Doppelpunkt und Gedankenstrich trennen im Satz. Mit einem Satzzeichen steuern Sie den Lesefluss und erregen Aufmerksamkeit. Punkt und Komma sind konservativ. Doppelpunkte aber machen lebendig: Der Text wird besser verstanden. Der Gedankenstrich weist auf etwas Neues hin – er macht neugierig. Stellen Sie ruhig Fragen. Warum nicht? Fordern Sie Ihren Leser zum Mitdenken auf. Mit dem Ausrufezeichen können Sie wichtige Textstellen hervorheben. Endlich ein Ergebnis! Mit dem Semikolon schaffen Sie es, zwei Gedanken zu verbinden, ohne den Gedankengang durch einen Punkt abschließen zu müssen; und das zeigt Raffinesse.

Kurz und bündig?

Hartnäckig halten sich im deutschen Brief veraltete, komplizierte, überflüssige Formulierungen. „Das schreiben wir immer so! Das soll nicht gut sein?" Hier ein paar INs und OUTs. Ersetzen Sie Substantivierungen durch Verben? Schreiben Sie „Verzicht ausüben" oder „verzichten"? Füllen Sie Ihre Texte mit „im Allgemeinen", „lediglich" oder „praktisch"? „Prüfen Sie" oder „prüfen Sie nach"? Wie halten Sie es so?

IN	OUT
ändern	abändern
weil	angesichts

haben	aufweisen
./.	im Allgemeinen
in	im Laufe von
berücksichtigen	in Betracht ziehen
erwägen	in Erwägung ziehen
./.	irgendwie
./.	lediglich
prüfen	nachprüfen
./.	praktisch
prüfen	Prüfung vornehmen
wichtig	relevant
alle	sämtliche
von	seitens
immer	stets
versäumen	verabsäumen
verzichten	Verzicht ausüben
wie vereinbart	wie im Vertrag vereinbart
abschließen	zum Abschluss bringen

Neu erschienen

Ganz im Stil des modernen Business-Stil schreibt Peter Sturtz „Perfekte Geschäftsbriefe". Das Besondere: Das Fachbuch enthält ein Lexikon von A bis Z mit Stichwörtern, vor allem zu den Regeln nach DIN 5008, zu rechtlichen Hintergründen und zu postalischen Fragen. Einige Beispiele: Abkürzungen, Briefanfang, Doktortitel, E-Mail, Fristen, Originalunterschrift, Schlusssatz ... So wissen Sie auch, welche formalen Vorschriften Sie bei guten Briefen beachten müssen.
Die Musterbriefe sind flott formuliert und DIN-gerecht gestaltet. Im Anhang gibt's noch eine Übersicht zur neuen Rechtschreibung – alles mit CD.

Einfach gut schreiben

▸

Gerhard Bungert, Einfach gut schreiben, Heyne Business 1997
Bungert ist Texter. Sie finden dort auch Textdramaturgie, Telefonskripts und etwas für die Öffentlichkeitsarbeit.

Perfekte Geschäftsbriefe

▸

Peter Sturtz, Perfekte Geschäftsbriefe, WRS 1999
Sturtz formuliert modern. Eine gute Mustersammlung mit CD.

12 Ablage

12.1 Registratur

Sie können richtig Spaß an der Aufbewahrung von Schriftstücken haben, wenn Sie systematisch ablegen. Um Papier zu ordnen, abzulegen und auch wieder zu finden, werden Registraturen benötigt. Ist für Sie die liegende, die stehende oder die hängende Registratur am günstigsten? Oder eine Kombination? Und welche?

Die liegende Registratur

Das ist wohl die älteste Registraturform: die Akte im Aktendeckel. Zur Kennzeichnung hat man die liegenden Akten früher mit Aktenschwänzen versehen, um einen schnellen Überblick über den Akteninhalt zu haben, was bei einer Flachablage höchst schwierig ist. Zeit sparen Sie beim Hineinlegen! Beim Suchen der Akte könnte es aber etwas länger dauern!
Wenn man eine Loseblatt-Ablage bevorzugt, sind Aktendeckel oder Mappen günstig. Die einzelnen Schriftstücke werden lose eingelegt. Will man eine geheftete und zugleich liegende Ablage, so wählt man Schnellhefter. Das macht Sinn bei Vorgängen, die kaufmännisch geheftet werden, d. h. das Neueste liegt immer oben; denn Umsortieren ist bei Schnellheftern umständlich und zeitaufwändig.
So schlecht wie ihr Ruf ist die liegende Registratur aber nicht. Wenn Sie wenige, dünne Vorgänge bearbeiten, leisten Aktendeckel oder auch Sichthüllen gute Dienste, um bei der täglichen Arbeit Übersicht zu behalten.

Die stehende Registratur

Der Ordner (Leitz 1893) hat die Flachablage verdrängt. Ein Büro ohne Ordner? Noch unvorstellbar! Schriftstücke, die in großen Mengen vor-

kommen und in fester Reihenfolge geheftet aufbewahrt werden (Lieferscheine, Rechnungen, Protokolle, Briefe), sind dort gut aufgehoben.
Die Ablage in Ordnern bedeutet sicheres Aufbewahren und schnelles Wiederfinden – auch umfangreicherer Papiermengen –, jedoch muss der Zeitaufwand für Lochen und Heften einkalkuliert werden. Die Ablage ist übersichtlich durch die beschrifteten Ordnerrücken – und ein bisschen repräsentativ ist es auch.
Für Prospekte, Kataloge, Zeitungen sind Stehsammler gut geeignet. Es gibt sie auch im Querformat als Kassetten für Einstellmappen.

Register, Trennblätter, Trennstreifen

Register gliedern das Schriftgut in Ordnern. Für die alphabetische Ordnung bei großen Schriftgutmengen gibt es, neben dem normalen ABC, ausgefeilte Dehn-ABC-Register.
Für fortlaufende Nummern gibt es Nummernregister von 1–25, 26–50, 51–75.
Trennblätter sind für die Auflistung des Ordnerinhalts geeignet. Mit Trennstreifen lässt sich weiter unterteilen.
Sehr praktisch, im modernen Design, sind Stehmappen in Klarsicht mit Box. Sie lassen sich über bunte Reiter flexibel nach ABC sortieren und mit einer Terminleiste versehen. Auch für Gespräche außer Haus haben Sie so alles parat. Sie erhalten diese Stehmappen mit Box nur bei www.mappei.de.

Die hängende Registratur

In einer Hängeregistratur sollten Sie alle Vorgänge und Unterlagen unterbringen, die Sie am Arbeitsplatz laufend benötigen. Der Organisationsschreibtisch ist mit Hängezügen für die Hängeregistratur eingerichtet: Patientenakten, Anwaltsakten oder Auftragsakten werden häufig hängend untergebracht.
Sie können zwischen drei Registraturbehältern wählen: der klassischen Hängemappe (an beiden Seiten offen), der Hängetasche (an beiden Sei-

ten mit „Fröschen" abgeschlossen zur Aufbewahrung von Kleinteiligem) und dem Hängesammler mit breitem Boden, sodass Sie mehrere ähnliche Vorgänge (mit Einstellmappen) getrennt unterbringen können.
Die Hängehefter machen Arbeit. Das Abheften, Umsortieren, Herausnehmen etc. ist umständlich. Oft sind Personalakten, auch Mandantenakten, mit einem besonderen Schlauchverschluss ausgestattet. Dadurch wird es möglich, innerhalb der Akte Zeit sparend umzusortieren.

Einstellmappen

Übrigens: Die Aktendeckel der liegenden Registratur, die es in vielen und sehr schönen Farben gibt, eignen sich gut als Einstellmappen. Damit können Sie den Inhalt einer Hängemappe gliedern. Auch auf dem Schreibtisch bei der Arbeit sehen die Einstellmappen gut aus.

Unterlagen lassen sich liegend stapeln, stehend oder hängend aufbewahren, und zwar entweder lose oder in gehefteter Form. Hier eine Übersicht:

Schriftgutbehälter	Registraturform	Ablagetechnik	Geeignet für
Aktendeckel einmal gefalteter Bogen aus Karton	liegend Flachablage	lose	Einzelakten mehrere Schriftstücke eines Vorgangs
Mappe wie Aktendeckel, zusätzlich gerillt und evtl. Klappen	liegend Flachablage	lose	Sammelakte verschiedene Vorgänge in einer Akte
(Schnell-)Hefter wie Mappe mit Heftmechanik	liegend Flachablage	geheftet	Sammelakte das Neueste oben oder feste Ordnung
Ordner mit festem Rücken, unterschiedliche Breite, Mechanik zum Aufreihen von gelochtem Schriftgut	stehend Buchablage hängend Hängeregistratur	geheftet	Sammelakte übersichtlich durch Register und Trennblätter

Stehsammler mit festem Boden unterschiedlicher Breite	stehend Buchablage hängend Hängeregistratur	lose	Sammelakte Prospekte Kataloge Zeitschriften
Stehmappe Klarsichtfolie und Papier	stehend Stehablage in Box	lose	Einzelakte Vorgangsakten
Hängemappe Mappe mit seitlich überstehenden Aufhängeelementen	hängend Hängeregistratur	lose	Einzelakte Vorgangsakten Personalakten Projektakten
Hängetasche wie Hängemappe, aber mit seitlichen „Fröschen" (Gewebestreifen)	hängend Hängeregistratur	lose	Einzelakte Vorgangsakten mit kleinteiligem Inhalt
Hängehefter wie Hängemappe mit Heftmechanik	hängend Hängeregistratur	geheftet	Einzelakte Vorgangsakten

Vorgänge

Welche Registraturform Sie wählen, hängt auch davon ab, ob Sie einzelne Vorgänge zu bearbeiten haben, die getrennt aufbewahrt werden, oder ob Sie mehrere Vorgänge bearbeiten, die Sie zusammenfassen wollen. Sind Einzelakten oder Sammelakten für Sie besser? Hier die richtige Wahl zu treffen, kann eine Menge Mühe bei der täglichen Arbeit ersparen.

Seminarverwaltung

Wenn Sie für die Verwaltung von Seminaren – intern oder extern – Ordner wählen – und das kommt oft vor –, dann muss beim Zugriff auf die Veranstaltung erst einmal der schwere Ordner aus dem Regal herausgesucht und zum Schreibtisch geschleppt werden. Dann beginnt die Suche nach dem richtigen Seminar. Wenn Sie mit einer

Kollegin arbeiten, können Sie nicht gleichzeitig auf diesen Ordner zugreifen. Sie warten also bis die Kollegin ihre Arbeit abgeschlossen hat und können dann erst einem Kunden Auskunft geben. Vielleicht hat der ja inzwischen aufgelegt.

Die Lösung

Wählen Sie Einzelakten pro Seminar. Bewahren Sie diese in der Hängeregistratur in Ihrem Schreibtisch auf oder in einem Rollboy, der dem Schreibtisch beigestellt wird. Das ist übersichtlich und gut für die Teamarbeit.

12.2 Aktenführung

Sammelakte

Die Sammelakte nimmt Schriftgut vieler unterschiedlicher Vorgänge auf, wenn Sie z. B. die ausgehenden Briefe als „Schriftwechsel" sammeln, oder alle Angebote unter „Angebote" oder Kursunterlagen „Seminare 1–10."

Einzelakte

Die Einzelakte enthält einen einzelnen Vorgang mit allen dazugehörigen Schriftstücken. Beispiele: Kreditakten, Personalakten, Prozessakten, Kundenakten. Für die Führung von Einzelakten eignen sich vor allem Hefter (liegend, geheftet) und Mappen (liegend, lose oder hängend, lose) und Stehmappen (stehend, lose).
Brauchen Sie schnellen und direkten Zugriff zu diesen Akten, so empfiehlt sich die Hängeregistratur im Schreibtisch.
Ist der Vorgang beendet, legen Sie vorgangsbezogen ab, d. h. der gesamte Vorgang wandert in eine passende Archivbox der Altablage.

Wollen Sie in den nächsten ein bis zwei Jahren auf diese Akten aber noch zugreifen und hin und wieder nachschlagen und vergleichen, dann sammeln Sie – nach Abschluss des Vorgangs – in Ordnern. Diese Ordner stehen dann für eine begrenzte Zeit als lebende Akten im Arbeitsbereich, d. h. im Regal oder Schrank Ihres Office.

Heftung

Im Allgemeinen liegt bei einer Heftung – Hefter oder Ordner – das neueste Schriftstück oben. Typisches Beispiel ist die Ablage von Buchungsbelegen. Der Beleg vom 10. Oktober liegt unter dem Beleg vom 25. Oktober. Man spricht von kaufmännischer Heftung.
Akten bei Gericht werden fortlaufend geführt. Das älteste Schriftstück liegt oben und wird mit Seite 1 numeriert. Die folgenden Schriftstücke kommen dahinter. Die Akte liest sich dann von vorn nach hinten wie ein Buch mit fortlaufender Seitennumerierung. Man spricht von Behördenheftung.

Inhaltsverzeichnis

In jeden Ordner gehört ein Inhaltsverzeichnis, denn ein Ordner ist eine Sammelakte und erfordert Übersicht. Schon ein durchgängig beschriftetes Trennblatt ergibt ein Inhaltsverzeichnis. Der Ordner „Büro" einer Agentur ist zum Beispiel gegliedert in:

Büro

Mietvertrag	1
Nebenkostenabrechnung	2
Instandhaltung	3
Schlüsselplan	4
Schriftwechsel Hausverwaltung	5
Ausstattung, Übersicht	6
Räume, neue	7
	8
	9
	0

Für die Untergliederung genügen dann Trennstreifen.

Aber seien Sie nicht zu perfekt. Es gibt auch überorganisierte Ordner. Wichtig ist die einfache und klare Gliederung durch die Zuweisung von Stichwörtern, d. h. durch die Ordnung nach Oberbegriffen.

Ordnerrücken

Für die Gestaltung von Ordnerrücken gibt es PC-Programme. Sie sind nicht teuer. Mit ihrer Hilfe lassen sich alle Formen von Etiketten professionell gestalten, sogar Tischkarten, Disketten- und CD-Cover. Hier einmal ohne, einmal mit Aktenzeichen:

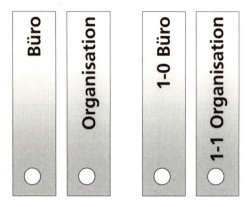

Alu-Ordnerrücken

♦

Neu! Zum Anklippen. Sie passen auf jeden Ordner und sehen super aus
www.ecor-design.de

Hängetaschen in edlem Schwarz

♦

nur bei
Hermann Jürgensen Bürobedarf GmbH, Hamburg
Fon (0 40) 30 68 87-0
www.juergensen-buero.de

12.3 Ordnungsweisen

Ordnung nach Zeit

Das einfachste aller Ordnungssysteme ist die chronologische Ordnung (chronos = die Zeit). Bei der chronologischen Ordnung wird nach Datum sortiert. Entweder nach Jahren, wie bei Bilanzen und Steuerbescheiden, nach Monaten, wie bei Gehaltsabrechnungen, nach Wochen, wie bei Lieferzeiten, oder nach Tagen, wie bei Patientenakten im Krankenhaus, die nach dem Geburtstag geordnet werden. Ist der Geburtstag nicht bekannt, wird unter dem 30. Februar abgelegt oder unter dem 1. Januar.

Jahr	Bilanzen und Steuerbescheide
Monat	Gehaltsabrechnungen
Wochen	Lieferzeiten
Tage	Patientenakten nach Geburtstag

Ordnung nach Nummern: Fortlaufende Nummern

In zunehmendem Maße gewinnt die numerische Ordnung an Bedeutung, nicht zuletzt wegen ihrer Vorteile bei der Datenverarbeitung. Am einfachsten ist die Ordnung nach fortlaufenden Nummern (1001, 1002, 1003 ...)

Ordnung nach Nummern: Partnernummern

Bei der Vergabe von fortlaufenden Partnernummern wird das System ergänzt: Jeder Geschäftspartner (Kunde, Lieferant, Mitarbeiter) erhält eine Nummer, unter der er künftig geführt wird. Das Nummernverzeichnis wird ergänzt durch ein Suchverzeichnis (gegliedert nach ABC, Postleitzahl oder Stadt), über das zusätzlich ermittelt werden kann.

Kundennummern, sortiert nach fortlaufenden Nummern:		Kundennamen, sortiert nach Namen:	
3605	Huber	Altmann	2796
3606	Müller	Anselm	5314
3607	Palmen	Arens	3608
3608	Arens	Astor	4573
3609	Zenker	Avermanns	3309

Ordnung nach Nummern: Sprechende Nummern

Die numerische Ordnung kann durch sprechende Nummern aussagefähiger gemacht werden. Es handelt sich dabei um die numerische Verschlüsselung von Sachverhalten. Jede Stelle innerhalb der Zahlengruppe drückt einen bestimmten Sachverhalt aus: Z. B. die Seminarnumerierung eines Lehrinstituts:

Seminarnummer

Das 1. Seminar im Fachbereich 06 wird im 2. Halbjahr des Jahres 2001 gekennzeichnet mit: 012 06 001. Kombiniert mit einer Hängeregistratur, die Sie durch Trennschienen nach Monaten, Wochen oder Tagen unterteilen können, ergibt dies eine optimale Seminarverwaltung.

Ordnung nach ABC: Buchstabenfolge

Die Ordnung nach ABC ist lange nicht so einfach wie es auf den ersten Blick scheint. Die alphabetische Ordnung ist nach DIN 5007 geregelt. Maßgeblich für die Ordnung ist die Buchstabenfolge des Alphabets. Einen Überblick liefert die folgende Tabelle:

Buchstabenfolge

- Maßgeblich für die Ordnung ist die Buchstabenfolge des Alphabets.
- Bei Übereinstimmung der Anfangsbuchstaben ist nach dem zweiten Buchstaben, bei erneuter Gleichheit nach dem dritten usw. zu ordnen.

Aarens, Baumann, Christiani, Georgi

Abel, Abele, Abeler

- Die Umlaute *ä, ö, ü* werden wie *ae, oe, ue* behandelt – aber stehen nach. **Aermann, Ärmann**
- *ß* gilt als *ss* – aber steht nach. **Rossler, Roßler**
- Lautverbindungen wie *ch, ck, sp, st* werden wie zwei, *sch* wie drei selbstständige Buchstaben in der Reihenfolge eingeordnet. **Sand, Scenz, Schüler, Seemann, Stern**

So ist es richtig

Aarens	Abel	Abele	Abeler	Aermann	Ärmann
Baumann	Christiani	Georgi	Kaiser	Maier	Meier
Meyer	Naumann	Rossler	Roßler	Rudow	Sand
Scenz	Schüler	Seemann	Stern	Vollmer	Wagner

Ordnung nach ABC: Namensfolge

Wie aber gehen Sie vor, wenn zwei Kunden „Bauer" heißen? Hier benötigen Sie Ansetzungsregeln für die alphabetische Ordnung von Namen, wie sie in DIN 5007-2 geregelt sind. Ansetzen heißt: den Namen für die Ordnung vorbereiten: Dr. Adolf Klein wird angesetzt als „Klein, Adolf, Dr." und dann unter „K" entsprechend eingeordnet.

Namensfolge

- Erstes Ordnungswort ist der Familien- (Firmen- oder Sach-)Name, zweites Ordnungswort ist der Vorname. Weitere Ordnungsfolge: *Wohnort, Straße, Hausnummer*

  Bauer, Albert
  Bauer, Alfons, Hamburg
  Bauer, Alfons, München
  Bauer, Anton

- Zusätze wie *Gebrüder* oder *Geschwister* werden wie selbstständige Vornamen geordnet.

  Bauer, Franziska
  Bauer, Gebrüder
  Bauer, Hans

- Vorsätze wie *van* oder *von* sowie Titel bleiben in der Ordnungsfolge unberücksichtigt.

  Bauer, Otto, Freiherr von
  Bauer, Paula, Dr.

- Familiennamen ohne Vornamen kommen zuerst. Familiennamen mit abgekürztem Vornamen stehen vor gleichartigen ausgeschriebenen Vornamen.
  Bauer
  Bauer, A.
  Bauer, Alf.
  Bauer, Alfons

- Bei Doppelnamen wird der zweite Name wie ein Vorname eingeordnet.
  Bauer, Rita
  Bauer-Ritter

- Gesprochene Zeichen wie „&" oder „und" haben auf die Ordnungsfolge keinen Einfluss.
  Bauer & Mann
  Bauer, Norbert
  Bauer und Partner
  Bauer, Paula

Ordnung nach Stichworten

Diese Ordnung ist für die Bezeichnung von Sammelakten in Ordnern sehr geeignet. Auf diese Weise lassen sich unterschiedliche Schriftstücke unter einem Oberbegriff zusammenfassen. Erst die richtige Gliederung macht die Ordnung perfekt.

Beispiel: Ordner „Büro"

Hier hat unsere Agentur alle Unterlagen untergebracht, die sich auf die gemieteten Büroräume beziehen: den Mietvertrag, die Nebenkostenabrechnungen, eine Dokumentation der Instandhaltungsleistungen, den Schlüsselplan, den Schriftwechsel mit der Hausverwaltung, eine Übersicht über die Ausstattung der Büroräume. Da ein Umzug geplant ist, sind auch die Unterlagen für die Bürosuche einbezogen. Da es sich um eine kleine Agentur handelt, passt alles in einen einzigen Ordner. Das Stichwort dafür heißt „Büro".
Nach dem Umzug wurde ein neuer Ordner angelegt mit dem Stichwort: „Büro, neues", mit allen Unterteilungen wie Mietvertrag, Nebenkostenabrechnungen usw. Der Ordner „Büro" bekam das Stichwort „Büro, altes" und wanderte – nachdem der Umzug abgewickelt war – in die Altablage.

Beispiel: Ordner „Versicherungen"

Unter dem Stichwort „Versicherungen" sind in unserer Agentur untergebracht: die Versicherungspolicen aller Versicherungen. Sie betreffen: die Betriebsversicherung, die Feuerversicherung, die Einbruchversicherung, die Haftpflichtversicherung, die Kfz-Versicherung. Der Schriftwechsel mit den jeweiligen Versicherungsgesellschaften wird nicht getrennt abgeheftet, sondern ist den einzelnen Versicherungen zugeordnet. Denn dort würde man im Ernstfall suchen.
Bei großem Volumen kann man natürlich für jede Versicherung einen eigenen Ordner anlegen. Dann heißt der Ordner z. B. „Kfz-Versicherung".

Beispiel: Ordner „Zeitschriften"

Unter dem Stichwort „Zeitschriften" sind bei unserer kleinen Agentur abgeheftet: eine Übersicht aller Abonnements mit Laufzeit und Kündigungsfrist, die Zeitschriftenverlage mit entsprechendem Schriftwechsel und ein kleines Pressearchiv: Ausschnitte aus Fachzeitschriften.
Bei großem Volumen würden Sie sicher einen Ordner anlegen mit dem Stichwort „Pressearchiv" und dort nach Themen unterteilen.

Beispiel: Ordner „Protokolle"

In fast jedem Büro gibt es einen Ordner „Protokolle". Haben Sie unterschiedliche Arten von Protokollen zu verwalten: Protokolle der Geschäftsleitung, Protokolle der Fachbereiche, Protokolle der Teams, so ist es meist übersichtlicher, für jede Protokollart einen eigenen Ordner anzulegen und dann mit dem Stichwort: „Protokolle GL" oder „Protokolle FB" oder „Protokolle Team" zu kennzeichnen. Innerhalb des Ordners wird dann nach Datum der Sitzung abgelegt, auf die sich das Protokoll bezieht. Auf die Frage „Was wurde auf der Sitzung am 20.10. besprochen?" schauen Sie im Ordner „Protokolle, Team" nach. Das Inhaltsverzeichnis ist gegliedert:
- Sitzung 8. August 2000
- Sitzung 9. September 2000
- Sitzung 20. Oktober 2000 usw.

So ist auf einen Blick zu erkennen, ob sich das gesuchte Protokoll in diesem Ordner befindet.

Mehrgliedrige Suchbegriffe

Bei mehrgliedrigen Suchbegriffen können sich Probleme ergeben.
Wie würden Sie den Ordner nennen, in dem Sie Unterlagen für interne Schulungen abheften? Entscheiden Sie sich für „Interne Schulungen" – entsprechend der gebräuchlichen Ausdrucksweise – oder für „Schulungen, interne", was der passende Suchbegriff wäre?
Das Problem: Suchbegriffe werden alphabetisch gesucht. Wenn Sie nun einen Suchbegriff „Interne Schulungen" verwenden, finden Sie ihn unter „I". Hätten Sie dort gesucht?

Beispiel: Schulungen, interne

Schulungen	**Hauptwort** steht zuerst	Worum geht es?
interne	**Adjektiv** steht danach	Worum geht es noch?
Schulungen, interne		

12.4 Checkliste: Ordnung macht erfolgreich

Wie sieht Ihre Lösung aus?

	Die Schwachstellen:	Die Lösung:
1	In meinen Ordnern finde ich einfach nichts. Man müsste auf einen Blick erkennen, was drin ist.	
2	Die Aufträge habe ich alle in einem Ordner. Das ist ganz schön umständlich, wenn ein Kunde am Telefon ist:	

	aufstehen, rausholen, nachschlagen, endlich finden ...	
3	Wir legen unsere Lieferanten nach ABC ab. Das kann nur ich. Wenn ich nicht da bin, bricht das Chaos aus.	
4	In Fachzeitschriften sehe ich oft interessante Beiträge, die für uns wichtig sein könnten. Ich kann doch nicht alle Zeitschriften aufbewahren. Wohin damit?	
5	Der Ordner „Angebote" ist zehn Jahre alt. Alles nichts geworden. Was mache ich damit?	
6	Überall Ordner. Ich weiß gar nicht, wo ich suchen soll. Seit 20 Jahren hat sich hier nichts geändert.	

12.5 Gesetzliche Aufbewahrungsfristen

Durch regelmäßiges Vernichten alter Akten schaffen Sie Platz und Übersicht! Eine Hilfe dabei sind die Aufbewahrungsfristen. Es gibt gesetzlich vorgeschriebene Aufbewahrungsfristen, die in drei Stufen gegliedert sind: 10 Jahre, 6 Jahre und 0 Jahre. Maßgebend hierfür ist das Handels- und das Steuerrecht. Wenn Sie den genauen Wortlaut suchen, finden Sie ihn im Handelsgesetzbuch (HGB § 257) und in der Abgabenordnung (AO § 147). Aufbewahrungsfristen für Österreich und die Schweiz finden Sie bei Walburga Ernst: Finden statt Suchen, Ueberreuter 1999, S. 99–105.

Was müssen Sie 10 Jahre aufbewahren?

Diese Unterlagen betreffen vor allem den Jahresabschluss:

- Eröffnungs- und Schlussbilanzen mit Gewinn- und Verlustrechnung – im Original
- Geschäftsberichte als Anlage zum Jahresabschluss

- Gründungsakten der Gesellschaft
  – im Original
- Handelsbücher (Kassenbücher, Wareneingangs- und -ausgangsbücher)
- Inventare (Betriebs- und Geschäftsausstattung)
- Kontenpläne einschließlich Änderungen und Ergänzungen

Originale

Beachten Sie bitte, dass Bilanzen und Gründungsakten im Original aufbewahrt werden müssen.

Was müssen Sie 6 Jahre aufbewahren?

Diese Unterlagen betreffen vor allem den kaufmännisch-verwaltenden Bereich

- Angebote mit Auftragsfolge
- Behördliche Bescheinigungen
- Betriebsprüfungsberichte – im Original
- Darlehensunterlagen
- Dauerauftragsunterlagen
- Faxe und Fernschreiben – soweit Handelsbriefe
- Handelsbriefe: empfangene und Wiedergaben abgesandter Handelsbriefe
- Mietverträge – nach Vertragsende
- Prozessakten – nach Prozessende
- Sparbücher – nach Entwertung
- Versicherungspolicen – nach Vertragsende
- Verträge, auch Arbeitsverträge – nach Vertragsende bzw. Ausscheiden

Vorgänge

Bitte bedenken Sie, dass die Aufbewahrungsfrist erst dann gilt, wenn der Vorgang abgeschlossen ist: der Prozess zu Ende ist, der Mitarbeiter die Firma verlassen hat, das Sparbuch entwertet ist, das Darlehen beglichen ist. Mit dem letzten Eintrag ist der Vorgang abgeschlossen. Die Unterlagen sind dann tote Akten.

Änderungen seit dem 24. 12. 1998:

Buchungsbelege. Diese Unterlagen betreffen vor allem den Zahlungsverkehr.

Für Buchungsbelege wurde die Frist von bisher 6 Jahren auf jetzt 10 Jahre verlängert. War die (alte) Aufbewahrungsfrist am 24. 12. 1998 noch nicht abgelaufen, so zählte mit dem 24. 12. 1998 die 10-Jahres-Frist.

- Ausgangsrechnungen
- Depotauszüge
- Eingangsrechnungen
- Fahrtkostenerstattungen
- Gehaltslisten
- Geschenknachweise
- Gutschriftanzeigen
- Kontoauszüge
- Quittungen
- Reisekostenabrechnungen
- Spendenbescheinigungen

Sonderbestimmungen

Auch nach Ablauf der gesetzlichen Aufbewahrungsfristen müssen Unterlagen noch aufbewahrt werden, soweit und solange sie für die Steuererhebung von Bedeutung sind (Außenprüfung, Steuerfahndung, schwebendes Verfahren).

Was müssen Sie 0 Jahre aufbewahren?

- Anfragen an Lieferanten oder an Kunden
- Angebotsunterlagen ohne Auftragsfolge
- Arbeitsaufträge

- Aushänge
- Bewerbungsschriftwechsel
- Bücherverzeichnisse
- Finanzpläne
- Gebrauchsanweisungen
- Geschäftsordnungen
- Halbjahresbilanzen
- Konferenzprotokolle
- Kundenlisten
- Monatsabschlüsse
- Pressemitteilungen
- Prospekte

Firmeninterne Aufbewahrungsfristen

Neben den gesetzlichen Aufbewahrungsfristen gibt es auch firmeninternen Fristen, die der Betrieb selbst festlegt. Dies gilt vor allem für die Schriftstücke, die keiner gesetzlichen Aufbewahrungsfrist unterliegen. Gleichwohl kann es – aus Sicht des Betriebes – vernünftig sein, solche Unterlagen aufzubewahren. Sie können in kritischen Situationen als Nachweis dienen. In einem Schriftgutkatalog erfassen Sie gesetzliche und betriebliche Aufbewahrungsfristen.

Schriftgutkatalog

Es ist hilfreich, mit einem Schriftgutkatalog (alphabetisch geordnet) eine Übersicht über die gesetzlichen und firmeninternen Aufbewahrungsfristen zu erlangen.
Die Aufbewahrung von Angeboten ohne Auftragsfolge ist laut Gesetz auf 0 Jahre festgelegt. Aus betrieblichen Gründen kann es sinnvoll sein, diese Angebote noch einige Jahre aufzubewahren. Daher ist hier eine betriebliche Frist von 2 Jahren eingesetzt worden.
Patente sind aus gesetzlicher Sicht nach Ablauf noch 6 Jahre aufzube-

wahren. Aus betrieblichen Gründen werden Patente nie vernichtet, sondern im Archiv aufbewahrt. Sie gehören zu den ewigen Akten.

Schriftgutkatalog

Schriftgut	gesetzlich*			betrieblich		
Aufbewahrungsfristen	**10**	**6**	**0**	**Frist**	**nein**	**dauerhaft**
Angebote mit Auftragsfolge		x				
Angebote ohne Auftragsfolge			x	2 Jahre	x	
Bilanzen im Original	x					
Gebrauchsanweisungen			x			
Gründungsakten der Gesellschaft im Original	x					x
Kontoauszüge	x					
Mietverträge nach Vertragsende		x		.		
Mitteilungen über Anschriftenänderung soweit Handelsbriefe		x				
Patente nach Ablauf		x				x
Reklamation soweit Handelsbriefe		x				

* für Deutschland

Berechnung der gesetzlichen Aufbewahrungsfristen

Die Aufbewahrungsfrist beginnt mit dem Schluss des Kalenderjahres, in dem der Jahresabschluss festgestellt, der Handelsbrief empfangen oder abgesandt wurde, ein Buchungsbeleg entstanden ist oder Aufzeichnungen vorgenommen wurden.
Die Aufbewahrungsfrist endet mit Ablauf des Kalenderjahres, das sich aus Beginn und Dauer der Frist errechnen lässt.

Beispiel 1

Wird ein Angebot mit Auftragsfolge am 20. Oktober 2000 an den Kunden abgesandt, so beginnt die Aufbewahrungsfrist mit dem Schluss des Kalenderjahres 2000. Die Aufbewahrungsfrist läuft ab dem Jahr 2001 und endet mit Ablauf des Jahres 2006 (2000 + 6 Jahre). Also ab dem 1. 1. 2007 kann vernichtet werden.

1996	1997	1998	1999	2000	2001	2002	2003	2004	2005	2006	2007

Beispiel 2

Wird eine Bilanz (zum 31. Dezember 1995) im Jahre 1996 festgestellt, d. h. von der Gesellschaft akzeptiert, so beginnt die Aufbewahrungsfrist mit dem Schluss des Kalenderjahres 1996. Die Aufbewahrungsfrist läuft ab dem Jahr 1997 und endet mit Ablauf des Jahres 2006 (1996 + 10 Jahre). Also ab dem 1. 1. 2007 kann vernichtet werden.

1996	1997	1998	1999	2000	2001	2002	2003	2004	2005	2006	2007

Diese Unterlagen können Sie ab dem 1. 1. 2001 vernichten:

Entstanden 2000	Alle Unterlagen aus dem Jahre 2000 mit gesetzlicher Aufbewahrungsfrist 0 Jahre, wenn nicht betriebliche Interessen oder Vorschriften dagegenstehen.
Entstanden 1994	Alle Unterlagen aus dem Jahre 1994 mit gesetzlicher Aufbewahrungsfrist 6 Jahre, wenn nicht betriebliche Interessen oder Vorschriften dagegenstehen.
Entstanden 1990	Alle Unterlagen aus dem Jahre 1990 mit gesetzlicher Aufbewahrungsfrist 10 Jahre, wenn nicht betriebliche Interessen oder Vorschriften dagegenstehen.

Aktenvernichtung

Nutzen Sie die Möglichkeiten, die Ihnen die Aufbewahrungsfristen geben, und sortieren Sie tote Akten regelmäßig aus. Kennzeichnen Sie Ihre abgelaufenen Akten, Ordner, Mappen beim Aussortieren mit dem Ende der Aufbewahrungsfrist:

> **Vernichten ab**
>
> **1. 1. 2007**

13 Dokumentenmanagement

Suchen und Finden von Schriftstücken und Dokumenten gelingt mit einer einheitlichen Ablagesystematik. Eine gute Struktur bedeutet kurze Suchzeiten, ganz gleich wo Ihre Ordner stehen: im Regal oder im PC.

13.1 Aktenplan

0 bis 9 schafft Ordnung

Ein Aktenplan ist dort interessant, wo umfangreiche, unterschiedliche und sachbezogene Unterlagen übersichtlich aufbewahrt werden müssen, was sich weder in eine rein numerische noch alphabetische Ordnung eingliedern lässt. Ein Aktenplan muss immer auf die unternehmenstypischen Aufgaben zugeschnitten werden. Ein Muster-Aktenplan, wie Sie ihn im Anhang finden, ist nur ein Anhaltspunkt.
Der klassische Aktenplan gliedert sich in zehn Hauptgruppen. Die Aufteilung 0–9 (sie soll aus Indien stammen) hat den großen Vorteil, dass man ein Zehnersystem hat, das durchgängig einstellig ist (0–9). Bei der Zählung 1–10 gelingt das nicht. Übrigens: Der Kontenplan der Buchhaltung ist in gleicher Weise aufgebaut.

Eins, zwei, drei – ein Aktenplan

1. Schritt: Aktenübersicht herstellen

Wenn Sie Ihren Aktenplan aufstellen wollen, müssen Sie zuerst eine Aktenübersicht erstellen, damit Sie wissen, was Sie alles zu ordnen haben.

Sie schreiben für jeden Ordner, für jede Akte eine Karteikarte mit dem entsprechenden Ordnernamen. Das ergibt Ihre Aktenübersicht.

Hier das Beispiel eines Existenzgründers, stolzer Besitzer der ersten 40 Ordner seiner Agentur:

Aktenübersicht mit 40 Ordnern

Abschlüsse	Kunden
After Sale	Leistungen, betriebliche
Akquisition	Lieferanten
Anfragen, Angebote	Marktbeobachtung
Arbeitsrecht	Mitarbeiter
Archiv	Mitgliedschaften
Banken	Organisation
Buchungsbelege	Partner
Budget	Personalbeschaffung
Büro	Preisgestaltung
Dienstleitung, fremd	Konzept
Druckwerke, eigene	Recht
Einkauf	Statistik Einkauf
Einkauf Dokumentation	Statistik Personal
Finanzamt	Statistik Verkauf
Führung	Steuerberater
Gehälter	Strategie
Geschäftsberichte	Team
Gründung	Versicherungen
Kontakte Presse	Zeitschriften

2. Schritt: Hauptgruppen festlegen

Danach legen Sie die zehn Hauptgruppen fest, die für Ihr Büro oder Ihren Betrieb wichtig sind, und zwar von 0–9. Die Hauptgruppen Leitung, Verwaltung, Finanzen, Personal, Einkauf, Vertrieb und Öffentlichkeit kommen sicher in jedem Unternehmen vor. Handelt es sich um einen Industrie- oder Herstellungsbetrieb, so werden Hauptgruppen für die Fertigung hinzukommen.

In einem Chefsekretariat haben Sie sehr wahrscheinlich die Hauptgruppen Leitung, Verwaltung, vielleicht auch Finanzen und Personal oder Öffentlichkeit. Möglicherweise kommen nur 3–4 Hauptgruppen zum Zuge. Es müssen nicht alle zehn Hauptgruppen in einem Aktenplan realisiert sein.

Unsere Agentur ist ein Dienstleistungsunternehmen. Hier werden Projekte ausgeführt. Also wird eine Hauptgruppe Projekt benötigt. Die restlichen Hauptgruppen bleiben frei für weitere Entwicklungen.

Zehn Hauptgruppen

0	Leitung
1	Verwaltung
2	Finanzen
3	Personal
4	Einkauf
5	Projekt
6	frei
7	frei
8	Vertrieb
9	Öffentlichkeit

3. Schritt: Ordner und Akten den Hauptgruppen zuordnen

Nicht alle Finanzordner stehen unter „2 Finanzen". Die Hauptgruppen sind keine Abteilungen, sondern Aufgabengebiete. Hier gibt es oft Missverständnisse. Dazu gehören auch Ordner, die etwas mit Finanzen zu tun haben und in anderen Abteilungen, Sekretariaten oder beim Chef stehen. Unsere Agentur hat den Aktenplan so gelöst:

Hauptgruppe		Gruppe	
0	Leitung	0-0	Gründung
		0-1	Führung
		0-2	Team
		0-3	Partner
		0-4	Mitgliedschaften
		0-5	Geschäftsbereiche
		0-6	Archiv

1	Verwaltung	1-0	Büro
		1-1	Organisation
		1-2	Versicherung
		1-3	Recht
		1-4	Zeitschriften

2	Finanzen	2-0	Banken
		2-1	Finanzamt
		2-2	Steuerberater
		2-3	Buchungsbelege
		2-4	Budget
		2-5	Abschluss

3	Personal	3-0	Arbeitsrecht
		3-1	Leistungen, betrieblich
		3-2	Personalbeschaffung
		3-3	Mitarbeiter
		3-4	Gehälter
		3-5	Statistik

4	Einkauf	4-0	Einkauf
		4-1	Einkauf DOKU
		4-2	Lieferanten
		4-3	Dienstleistung, fremde
		4-4	Statistik

5	Projekt	5-0	Konzept

6	frei		

7	frei		

8	Vertrieb	8-0	Strategie
		8-1	Preisgestaltung
		8-2	Akquisition
		8-3	Anfragen, Angebote
		8-4	Kunden
		8-5	After-Sale
		8-6	Statistik

9	Öffentlichkeit	9-0	Kontakte Presse
		9-1	Druckwerke, eigene
		9-2	Marktbeobachtung

So entsteht ein Aktenplan für jedes Büro, für jedes Office, für jedes Sekretariat. Wichtig ist, dass Sie die Struktur gemeinsam – im Gespräch mit allen Beteiligten – beraten und entwickeln. Dann wird es ein Erfolg.

Muster-Aktenplan: Gliederungstiefe

Der Muster-Aktenplan Dienstleistung im Anhang basiert auf dem hier skizzierten Aktenplan, allerdings wurde die Gliederung verfeinert. Z. B. wurde der Ordner „9-1 Druckwerke, eigene" untergliedert in:

9-1 Druckwerke, eigene

- 9-10 Prospekte, eigene
- 9-11 Pressemappen, eigene
- 9-12 Media-Material, eigenes

Konkret bedeutet dies, dass der Ordner „9-1 Druckwerke, eigene" aufgelöst wurde und durch drei neue Ordner ersetzt wurde. Das ergibt sich daraus, dass 9-10, 9-11 und 9-12 Untergruppen der Gruppe 9-1 sind. Oder anders gesagt: Eigene Druckwerke finden Sie in drei Ordnern. Dabei kann es sich um Prospekte, Pressemappen oder Media-Material handeln.

Wenn Zweigstellen denselben Aktenplan benutzen, kennzeichnet man alle Aktenzeichen der Zweigstelle mit der entsprechenden Zweigstellennummer: 9-12-3. Bei Handelskammern und Behörden findet man Aktenpläne mit bis zu zwölf Stellen. So wird es möglich, große Bestände zu katalogisieren.

Für eine Abteilung oder für ein Sekretariat brauchen Sie diese Gliederungstiefe nicht. Sie können die Vorteile des Aktenplanes, nämlich Strukturiertheit, Übersichtlichkeit, Nachschlagbarkeit voll genießen, ohne in ein ausgefeiltes Regelwerk einsteigen zu müssen.

Muster-Aktenplan: Ablageregeln

Dort, wo es beim Ablegen Missverständnisse geben kann, ist es ratsam, in den Aktenplan Ablageregeln aufzunehmen. So können Sie sicher sein, dass alle, die mit der Ablage befasst sind, auf die gleiche Weise ablegen.

Ablageregeln

Aktenführung	Einzelakte, Sammelakte
Aufbewahrungsfrist	Verfalldatum
Heftung	kaufmännisch, behördlich
Register	nach ABC, nach Datum, nach Sachgebieten, numerisch
Schriftgutbehälter	Ordner, Hängemappen
Erstellung	PC oder EM (E-Mail)

Hier einige Beispiele:

0-30	Partnerschaften Kooperationen (nach ABC)		2-33	Belege, sortiert (nach Datum, kaufmännisch)
3-30	Personalakten Mitarbeiter (Einzelakte je MA, Hängeregistratur)		4-21	Bezugsquellen- nachweis (nach Sachgebieten)
8-01 PC	Marketingkonzept		9-02 EM	Kontakte Presse (nach ABC, nach Datum)

Aktenverzeichnis

Ein Aktenverzeichnis enthält alle vorhandenen Ordner mit entsprechendem Standort und legt Verantwortlichkeiten festlegt. Es gehört in jeden Schrank oder ins Organisationshandbuch.

Hängeregistratur

Kunden	8-4	EB
Lieferanten	4-2	FH

Tresor

Archiv	0-6	EB
Geschäftsberichte	0-5	EB
Gründung	0-0	EB

Regal

After Sale	8-5	EB
Akquisition	8-2	EB
Anfragen, Angebote	8-3	EB
Office	1-0	FH
Dienstleitungen, fremde	4-3	FH
Druckwerke, eigene	9-1	EB
Einkauf	4-0	FH
Einkauf DOKU	4-1	FH
Marktbeobachtung	9-2	EB
Organisation	1-1	FH
Statistik Einkauf	4-4	FH
Team	0-2	FH
Zeitschriften	1-4	FH

Schrank

Abschluss	2-5	KM
AR, SV	3-0	KM
Banken	2-0	KM
Buchungsbelege	2-3	KM
Budget	2-4	EB
Finanzamt	2-1	KM
Führung	0-1	EB
Gehälter	3-4	KM
Konzept	5-0	EB
Leistungen, betriebl.	3-1	KM
Mitarbeiter	3-3	KM
Mitgliedschaften	0-4	EB
Partner	0-3	EB
Personalbeschaff.	3-2	EB
Preisgestaltung	8-1	EB
Recht	1-3	FH
Statistik Personal	3-5	KM
Statistik Verkauf	8-6	KM
Steuerberater	2-2	KM
Versicherung	1-2	FH

PC

Strategie	8-0	EB

EM (E-Mail)

Kontakte	9-0	EB

13.2 Papier oder PC?

Wir alle arbeiten mit dem PC und eine Reihe von Dokumenten legen wir auch gleich im PC als Datei ab. Wie aber wieder finden? Auch bei der PC-Ablage hilft Ihr Aktenplan. Sie können die Struktur des Aktenplanes auf einfache Weise auf den PC übertragen und so eine Integration schaffen von Papierablage und PC-Ablage.

Papierablage

Wenn Sie ein bestimmtes Schriftstück suchen, z. B. den Mietvertrag Ihres Büros, dann gehen Sie an den Aktenschrank, suchen den Ordner „Büro", schauen im Register nach und finden dort unter der Rubrik „Mietvertrag" das gesuchte Schriftstück. Der Suchweg folgt dem Muster:

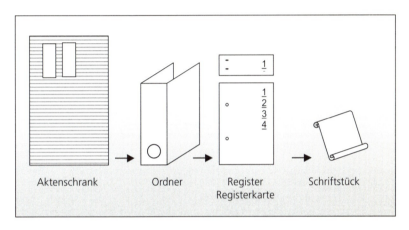

PC-Ablage

Wenn Sie ein bestimmtes Dokument im PC suchen, z. B. den Mietvertrag Ihres Büros, dann öffnen Sie Ihr Verzeichnis, öffnen dann den PC-Ordner „Büro", verfolgen die PC-Ordnerfolge. Sie öffnen daraus den PC-Ordner „Mietvertrag" und finden Ihr Dokument dort abgelegt.
Der Pfad heißt also: Verzeichnis – Ordner – Ordnerfolge – geöffneter Ordner – Dokument.
Erst am Ende dieses Pfades treffen Sie auf das gesuchte Dokument.

1. Ebene	2. Ebene	3. Ebene	4. Ebene	PC-Pfad	Inhalt	Papier
				Verzeichnis	Ihr Verzeichnis	Aktenschrank
				Ordner	Büro	Ordner
				Ordnerfolge	Registerkarte 2	Register
					Registerkarte 3	
					Registerkarte 4	
				geöffneter Ordner	Registerkarte 1	Registerkarte
				Dokument	Mietvertrag	Schriftstück

Aktenplan am PC

Sie sehen, dass die Papier-Ordung und die PC-Ordnung gar nicht so weit auseinander liegen. Sie können daher ohne Mühe die Gliederung Ihres Aktenplanes auf Ihrem PC abbilden.

Sie beginnen mit dem Verzeichnis: Aktenplan EDV. Dann folgen die Hauptgruppen. Wie viele Hauptgruppen haben Sie in ihrem Aktenplan? In diesem Beispiel sind alle zehn Hauptgruppen vorhanden:

Explorer – Aktenplan-EDV

Abbildung 13: Aktenplan EDV mit zehn Hauptgruppen

Die Ziffern 0–9 vor den Hauptgruppen bewirken, dass die Ordner auch tatsächlich in dieser Reihenfolge auftreten. Ohne Ziffern würde der PC automatisch in alphabetischer Reihenfolge gliedern. Sie hätten dann die Reihenfolge: Einkauf, Finanzen, Leitung usw.

In unserem Beispiel hat die Hauptgruppe „0 Leitung" sieben Gruppen: Der Pfad heißt: Aktenplan EDV – 0 Leitung – 0-0 Gründung.
Wenn Sie nicht weiter untergliedern, finden Sie unter „0-0 Gründung" z. B. die Gesellschaftsverträge, den Handelsregistereintrag und den Schriftwechsel mit den Gesellschaftern. Der PC sortiert die Dateinamen nach ABC.

Explorer – Aktenplan-EDV, unterteilt

```
Explorer - [C:]
 Datei  Bearbeiten  Ansicht  Wechseln zu  Favorit
 Alle Ordner
              Aktenplan-EDV
                 0 Leitung
                    0-0 Gründung
                    0-1 Führung
                    0-2 Team
                    0-3 Partner
                    0-4 Mitgliedschaften
                    0-5 Geschäftsberichte
                    0-6 Archiv
                 1 Verwaltung
                 2 Finanzen
                 3 Personal
                 4 Einkauf
                 5 Projekt
                 8 Vertrieb
                 9 Öffentlichkeit
```

Abbildung 14: Aktenplan EDV Hauptgruppe „Leitung" mit sieben Gruppen

Muster-Aktenplan am PC

Bei einem tiefer gegliederten Aktenplan – wie z. B. dem Muster-Aktenplan im Anhang – würden Sie an „0-0 Gründung" noch weitere Ordnerfolgen anfügen, z. B. „0-00 Gesellschaftsverträge", „0-01 Handelsregister" und „0-02 Schriftwechsel mit Gesellschaftern". Da Ihre Dokumente immer im letzten Ordner des Pfades abgelegt sind, finden Sie Gesellschaftsverträge unter „0-00 Gesellschaftsverträge" und Schriftwechsel mit Gesellschaftern unter „0-02 Schriftwechsel mit Gesellschaftern".

Teils Papier – Teils PC

Es ist durchaus möglich, bestimmte Dokumente, die Sie im PC erzeugen, auch ausschließlich dort abzulegen. Für den Aktenplan heißt das, dass Sie die PC-Ordner im Aktenplan besonders kennzeichnen müssen. In unserem Beispiel ist das der Ordner „8-01 PC Marketingkonzept". Auch Ordner, die Sie in Ihrem E-Mail-Programm anlegen – unter „Posteingang" oder unter „Gesendete Objekte" –, nehmen Sie in Ihren Aktenplan auf. In unserem Beispiel ist das der Ordner „9-02 EM Kontakte Presse".

Nur PC

Um nur im PC ablegen zu können, müssen Sie alle Schriftstücke in Dokumente umwandeln, das geschieht durch Einscannen.

14 DMS, Dokumenten-Management-Systeme

14.1 Was allen gemeinsam ist

In den nächsten Jahren werden immer mehr Firmen Dokumenten-Management-Systeme nutzen. Was sind die Vorteile?

Bei Anruf Auskunft!

- Sie finden Ihre Akten schneller wieder
- Sofortige und vollständige Klärung eines Sachverhalts
- Sie sparen Papier und Platz
- Kein Kopieren, kein Verteilen, keine Liegezeiten

Für die elektronische Kundenakte heißt das: Kein langes Suchen der Akte, sofortige und vollständige Klärung und dies an jedem Standort: ob Zweigstelle, Zentrale oder Home-Office. In vielen Banken und Versicherungen wird bereits auf diese Weise gearbeitet. Die nicht unerheblichen Kosten amortisieren sich bereits nach einem Jahr durch höhere Effizienz und gesteigerte Kundenorientierung.

Elektronischer Postkorb

Ein solches Dokumenten-Manangement-System verwaltet alle im Unternehmen vorkommenden elektronischen Dokumente wie Eingangspost, Rechnungen, Dateien, Lieferscheine, Kundendaten, Dokumentationen, Präsentationen usw., und zwar alle Informationen in einer Form und im Arbeitsfluss des Unternehmens. Im elektronischen Postkorb sammelt sich dann die Bildschirmpost: Textdateien, E-Mails, PC-Faxe, elektronische Notizen, Websites, Videos, Voice-Mail und gescannte Dokumente.

Dokumente, die auf Papier vorliegen, müssen zunächst über Scanner digitalisiert werden. Das geschieht entweder direkt in der Postzentrale oder beim Posteingang in den Abteilungen. Die letzte Entscheidung über die richtige Zuordnung übernimmt der Chefarchivar, in einigen Bereichen auch die Chefsekretärin.

Elektronisch bearbeiten

Die Bearbeitung und Weiterleitung geschieht über das System. So sehr umdenken müssen Sie als Anwender von DMS aber gar nicht: Texte werden gestempelt, markiert, zensiert, d. h. geschwärzt, mit Notizen versehen und – über das Adressbuch – an Kollegen oder Partner weitergeleitet – elektronisch mit Hilfe von DMS.

Neu ist die sehr umfangreiche Indexierung von Dokumenten. Bisher haben Sie Ihre Dokumente am PC erstellt, in einer Datei gespeichert und dann ausgedruckt, um sie unterschreiben zu lassen. Die Kopien wanderten in die Ablage.

Jetzt ist das anders: Sie schreiben Ihre Dokumente am PC, aber innerhalb von DMS. Ihr Dokument wird elektronisch archiviert. Um das Dokument wieder zu finden, braucht das System Dokumentenmerkmale – auch Attribute genannt –, die Sie zu Beginn des Bearbeitungsprozesses eingeben müssen – und das kann ziemlich zeitaufwändig sein. Bei Massenbelegen kann das auch automatisch erfolgen. Je genauer Sie indexieren, desto präziser ist das Suchergebnis.

Was können Dokumentenmerkmale sein?

- Dokumententyp wie Protokoll, Vertrag, Grafik, Angebot, Rechnung
- Name des Empfängers oder des Absenders
- Sende- und Empfangsdatum
- Betreff
- Dokumentennummer
- Stichwort oder Schlagwort für den Inhalt
- Ordnerstruktur eines Aktenplans

Elektronisch finden

Die Dokumentenmerkmale ergeben für jedes Dokument ein unverwechselbares Dokumentenprofil und werden in Masken erfasst. Bei der Suche zeigt das System über Trefferlisten alle Dokumente an, die diesen Attributen entsprechen. Bei langen Trefferlisten müssen Sie weitere Suchbegriffe eingeben, um das richtige Dokument zu finden. Im Zweifelsfalle hilft auch eine Volltextrecherche, die zusätzlich den gesamten Textinhalt eines Dokuments durchsucht.

Es sind vor allem die vielen Suchmöglichkeiten, die in kurzer Zeit zum Erfolg führen, die für die Dokumenten-Management-Systeme sprechen. Zum Vergleich: Papier kann man nur nach einem Kriterium ordnen und nur entlang dieser Systematik ist es mit Sicherheit wieder auffindbar. Aber: Ohne eine gut geordnete Papierablage gelingt die Umstellung auf DMS nicht.

Logische Kopie

Dokumenten-Management-Systeme arbeiten mit der Funktion „Logische Kopie". Bei Veränderungen im Originaldokument werden automatisch alle logischen Kopien aktualisiert. Auch ist es möglich, beliebig viele logische Kopien von einem Dokument herzustellen. Das Archivieren in mehreren Ordnern ist kein Problem.

Historie

Eine Versionsverwaltung gibt Auskunft über ältere Fassungen eines Dokuments und über seine Fortentwicklung. Wer wann was gemacht hat, wird dokumentiert. So entsteht eine Historie für jedes Dokument. Das schafft Transparenz.

Zugriff ohne Grenzen

Über das World Wide Web könnten schon bald Außendienstmitarbeiter, Kunden oder Lieferanten die Möglichkeit erhalten, in kontrollierter Weise auf die Daten und Dokumente eines Unternehmens zugreifen zu können. Innerhalb des Unternehmens wird der Zugriff über Zugriffsrechte vergeben.

14.2 Dokumenten-Management-Systeme: ELO, Windream & CESAR

ELO, der elektronische LEITZ Ordner

Es gibt DMS-Systeme, die der bisherigen Praxis optisch nachgebildet sind und deshalb wenig Umgewöhnung benötigen. ELO, der elektronische LEITZ Ordner, ist solch ein Programm. Es kann tausend und mehr Arbeitsplätze bedienen, ist aber auch als Einzelplatzversion verfügbar, was in einem Private Office oder Sekretariat von Vorteil sein kann.

ELO – Aktenschrank „Marketing" mit Ordner „Werbung"

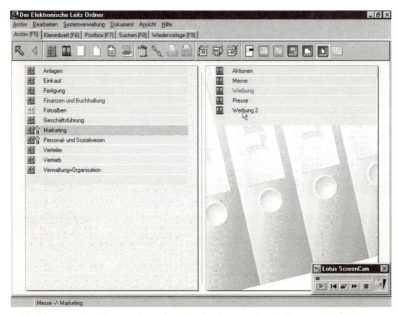

Abbildung 15: Aktenschrank „Marketing" mit Ordner „Werbung" bei ELO

Zur Archivierung gibt es elektronische Ordner in elektronischen Aktenschränken. Die Gliederung entspricht dem Prinzip des Aktenplans: Aktenschränke = Hauptgruppen, Ordner = Gruppen. Aber auch weitere Unterteilungen sind möglich wie die elektronische Hängemappe oder der elektronische Aktendeckel, was Anwender aus dem Öffentlichen Dienst besonders freut.

Wie bei Papierunterlagen kann man auf den Dokumenten, die im elektronischen Postkorb eingehen, auch kurze Bemerkungen anbringen, mit Farbstift Stellen markieren, interne Anweisungen notieren. Dazu gibt es Klemmbretter, Haftnotizen und eine Wiedervorlage. Die archivierten Dokumente können am Bildschirm wieder aufgerufen werden.

ELO – Ordner mit geöffnetem und bearbeitetem Dokument

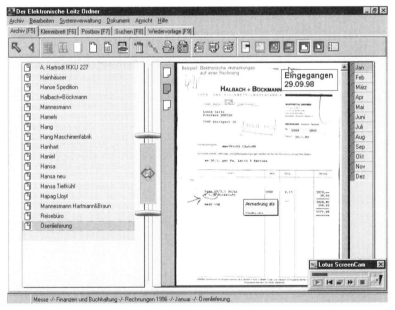

Abbildung 16: Ordner mit geöffnetem und bearbeitetem Dokument bei ELO

Info

www.elo-digital.de
Der schnelle Draht: j.deppe@elo.leitz.de oder 0 18 05 35 23 10

Windream – DMS wie Windows

Dieses Dokumenten-Management- und Archivsystem kommt ohne eigene Oberfläche aus, denn es ist vollständig in Windows integriert. Das DMS ist ein zusätzliches Laufwerk, das im Explorer dargestellt wird. Dokumente können also direkt über den Windows Explorer aufgerufen und gespeichert werden. Der Benutzer muss kaum Umdenken, denn das System funktioniert „wie Windows".

Windream – Das DMS ist ein zusätzliches Laufwerk

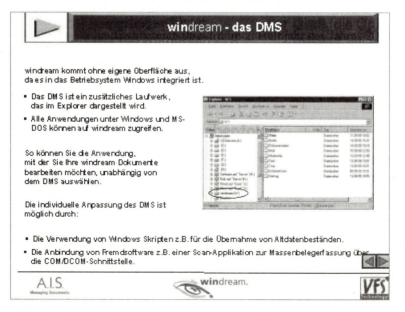

Abbildung 17: Das DMS ist ein zusätzliches Laufwerk bei Windream

Auch bei Windream gibt es einen elektronischen Postkorb für eingehende Dokumente und auch hier werden Dokumente über Dokumentenmerkmale gekennzeichnet und revisionssicher archiviert.

Windream – So werden Dokumente bearbeitet

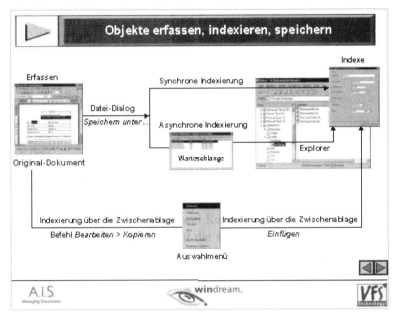

Abbildung 18: So werden Dokumente in Windream bearbeitet

Die Anzeige der Objekteigenschaften, die Windows zu jedem Dateiobjekt bereitstellt, wird durch Windream um mehrere Registerkarten erweitert.

Windream – Dokumenteigenschaften im Überblick

Abbildung 19: Alle Dokumenteigenschaften werden als Registerkarten angezeigt

Info
▶
www.windream.com
Der schnelle Draht: A.I.S. Bochum (02 34) 97 34-504 Thomas Bischoff

CESAR, ein modulares Archivierungssystem

Aus verschiedenen Quellen fließen täglich Informationen im Unternehmen zusammen. Richtig analysiert und auf den relevanten Kern komprimiert, sind sie Grundlage für wichtige Entscheidungen und werden zu wertvollem Unternehmenskapital.
Um dieses Kapital aufzubauen, zu schützen und unternehmensweit nutzbar zu machen, bedarf es sicherer und zukunftsfähiger Informationssysteme. Als ein Beispiel sei hier das Produkt CESAR der CE AG Bielefeld erwähnt.
CESAR ist ein offenes Archivierungs- und Dokumenten-Management-System, das in weiten Teilen benutzerabhängig konfiguriert werden kann.

Dokumenten-Management-Systeme: ELO, Windream & CESAR **151**

Verteilte Daten stehen unternehmensweit zur Verfügung. Das System wächst mit der Organisation und den Anforderungen.

Individuell angepasst werden können u. a.:
- Definition und Einrichtung spezifischer Archivbereiche
- Gestaltung individueller Verstichwortungs- und Recherchemasken
- Dokumentenmanagement-Funktionalitäten
- Integration von Office-Anwendungen und Groupware
- Web-Fähigkeit
- Volltextsuchsysteme

Als Add-Ins stehen Werkzeuge für die Dokumentenbearbeitung zur Verfügung: Stempel, Textmarkierung, Textzensierung, Einfügen von Text, Linien und Rahmen.

CESAR – Beispielhafte Maskendarstellung

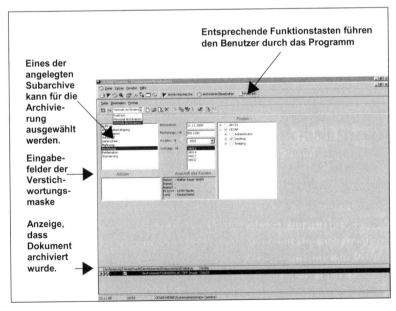

Abbildung 20: Beispielhafte Maskendarstellung von CESAR

Info

www.softmatic-gmbh.com
www.ce-ag.com
Der schnelle Draht: Softmatic Informations-Management GmbH – NL Chemnitz ☎ (03 71) 4 01 41 07 Helmut Mücke

14.3 Was ist Workflow?

Routinen

Workflow bedeutet Arbeitsfluss. Workflow-Systeme bilden wiederkehrende, strukturierte Arbeitsabläufe ab und kontrollieren die Weiterleitung von Dokumenten – auch über Abteilungsgrenzen hinweg. Solche Abläufe können zum Beispiel sein: die Erstellung eines Versicherungsvertrages oder die Ablaufroutinen vom Auftrag über die Bestellung bis zur Rechnung. In Großbetrieben ist auch das Scannen und Verteilen der Eingangspost in den Workflow eingebunden. Ist der Arbeitsfluss erst einmal festgelegt, geht die Initiative vom System aus. Der Mitarbeiter oder die Mitarbeiterin bekommen ihre To-Do's vom System zugewiesen. Die Dokumente liegen im elektronischen Postkorb und müssen bearbeitet werden. Die Bearbeitungsdauer ist messbar. Über die Historie ist jederzeit feststellbar, wo sich der Vorgang befindet und wie der Bearbeitungsstand ist.

Ad-hoc-Workflow

Die Ablaufroutinen betreffen aber nur einen eher geringen Teil der täglichen Aufgaben im Office. Dort erfolgt die Aufgabenbearbeitung eher spontan – nach Wichtigkeit und Dringlichkeit. Dazu hat man den Ad-hoc-Workflow geschaffen. Die Ablaufroutinen können – z. B. bei einer Reklamation – individuell zusammengestellt werden.

Trend

Workflow-Systeme gehören heute zu jedem Dokumenten-Management-System. Entweder als integrierter Bestandteil oder durch Kooperation mit Partnerfirmen.

14.4 Informations-Management-Systeme: OCTOOffice & DOCAKTE

Sehr nützlich für den Büroalltag sind Systeme fürs Informationsmanagement. Sie entfalten dort ihre volle Wirkung, wo Unternehmen vernetzt sind, auch weltweit. Sie helfen, die vielfältigen Abstimmungen über Telefon, Fax, E-Mail, Internet in den Griff zu bekommen, und zwar über Akten, Vorgänge und To-Do's mit Historie.

OCTOOffice

OCTOOffice basiert auf Lotus Notes. Aufgaben, die im Büroalltag entstehen, werden kontaktbezogen bearbeitet. Die Akten enthalten die Stammdaten – vor allen Dingen die Adresse – des Kunden, des Interessenten oder des Lieferanten. Auch Projekte oder Mitarbeiter können auf diese Weise erfasst werden.

OCTOoffice – Akten nach ABC

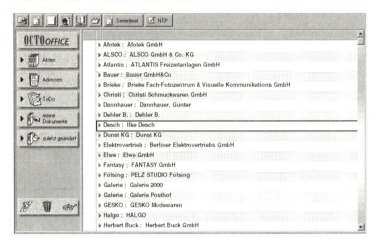

Abbildung 21: Akten nach ABC bei OCTOOffice

Kontakte werden diesen Akten zugeordnet. Jeder Kontakt ist ein Vorgang, ob Brief, ob Fax, ob Anruf.

OCTOOffice – Akten, Kontakte und Vorgänge

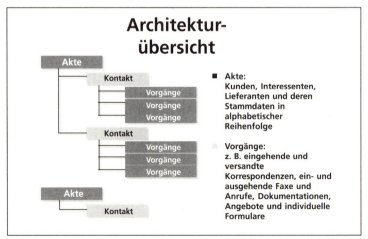

Abbildung 22: Akten, Kontakte und Vorgänge bei OCTOOffice

Informations-Management-Systeme: OCTOOffice & DOCAKTE **155**

Anrufe

Die relevanten Informationen werden erfasst mit Kategorie, Betreff, Inhalt. Automatisch übernommen werden: Gesprächspartner, Rufnummer, Datum, Uhrzeit.

Briefe, Faxe, E-Mails

Briefe werden in OCTOOffice erstellt und versandt. Layout- und Textvorlagen werden genutzt. Serienbrieffunktion. Verteiler. MS Word und Lotus Word Pro sind integriert. Drucken, faxen oder mailen direkt aus OCTOOffice.
Die Art des Kontaktes wird durch Symbole gekennzeichnet. Symbol „Haus" bedeutet Firma. Symbol „Büste" bedeutet Person. Symbol „Brief" bedeutet Schriftwechsel, Symbol „Telefon" bedeutet Anruf.
In einer Historie werden alle Vorgänge innerhalb der Akte übersichtlich gegliedert. Wer wann was wie erledigt hat, ist auf diese Weise sofort ersichtlich.

OCTOOffice – Auszug aus der Historie des Kunden Desch

```
▼ Desch : Ilke Desch
       🏠 ▼ Ilke Desch > Firma                    Tel: 06648/37189
            Dr. Martinystr. 6                      Fax: 06648/37194
            36364 Bad Salzschlirf                  Status: aktiv
       👤    ▼ Herr Moritz Desch
              Dr. Martinystr. 6; 36364 Bad Salzschlirf
              Tel: 06648/37189 Fax: 06648/37194
       ✉        10.07.98 Angebot Prototyp-Entwicklung
                an Ilke Desch; Herrn Desch
       ☎        08.07.98 Test ud
                Herr Desch von Ilke Desch => Ulrich Desch/ANALYSIS
       ☎        08.07.98 Infomappe verschicken
                Herr Desch von Ilke Desch => Ulrich Desch/ANALYSIS
```

Abbildung 23: Auszug aus der Historie des Kunden Desch bei OCTOOffice

Aufgaben oder Wiedervorlagen, die sich aus den Kontakten ergeben (To-Do's) können an entsprechende Mitarbeiter weitergeleitet werden. Ein Terminmanagement für Personen und Gruppen ist angegliedert.

Info

▸ www.intraware.de
Der schnelle Draht: mbc Hamburg ((0 40) 38 91 50-5 14 Bernd Walther

DOCAKTE

DOCAKTE basiert auf Lotus Notes. Lotus Notes ist als Plattform für ein Informationsmanagement bestens geeignet. Es ist als Groupware, vor allem für eine Vorgangsbearbeitung und lückenlose Informationsbereitstellung gedacht. So z. B. bei der Erfassung, Bearbeitung und Archivierung dynamischer Akten. Als Beispiel sei hier eine Lösung der BOO AG, Bielefeld, erwähnt: DOCAKTE BÜRO.

DOCAKTE – Kundenakte mit Vorgängen

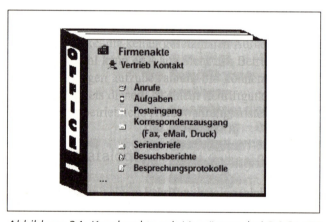

Abbildung 24: Kundenakte mit Vorgängen bei DOCAKTE

Die bürotypischen Vorgänge wie Posteingang, Korrespondenzausgang, Telefonnotizen, Gesprächsprotokolle werden dem jeweiligen Geschäftspartner zugeordnet. So erhält man schnell einen Überblick über den Stand der Dinge. Eine lückenlose Kontakthistorie vermeidet Kommunikationsfehler. Die Aufgabendelegation und das Erstellen von neuen Vorgängen findet seinen zentralen Platz in der Firmenakte und nichts geht mehr verloren.

Was Sie mit DOCAKTE BÜRO alles können:

- Schreiben Sie einen individuellen Brief mit Übernahme der Adresse aus dem jeweiligen Kontakt.
- Informieren Sie Ihren Kollegen über einen Rückrufwunsch, ohne einen gelben Zettel an seinem PC-Monitor aufhängen zu müssen.
- Sichern Sie die Erledigung von Aufgaben mit automatischer Wiedervorlage.
- Dokumentieren Sie Gespräche für die Koordination von Folgeaktivitäten.
- Selektieren Sie Interessentenkontakte für einen Informationsbrief.

DOCAKTE BÜRO strukturiert und steuert Ihre Ablage. So sieht das papierlose Büro aus. Es ist ganz einfach standortunabhängig zu arbeiten. Ob unterwegs in einer Niederlassung oder im Office. Sie haben keine Informationslücken – von der Telefonzentrale bis zur Geschäftsleitung. Jeder partizipiert, unter Berücksichtigung von Zugriffsrechten, an einer abteilungsübergreifenden Informationsbasis.

Info
▸
www.softmatic-gmbh.com
www.boo.de
Der schnelle Draht: Softmatic Informations-Management GmbH – NL Chemnitz ☎ (03 71) 4 01 41 07 Helmut Mücke

14.5 Rechtliche Grundlagen

Ordnungsmäßigkeit heißt Unveränderbarkeit

Elektronische Archive müssen nach Handelsgesetzbuch und Abgabenordnung dem Grundsatz der Ordnugsmäßigkeit entsprechen. Ordnungsmäßigkeit heißt Unveränderbarkeit: Das elektronische Dokument muss unverändert archiviert sein und jederzeit abgerufen werden können, und zwar in allen Phasen seiner elektronischen Existenz:

Phasen der elektronischen Existenz

- Das Dokument muss originalgetreu gescannt werden oder als originär elektronisches Dokument unverändert gespeichert werden.
- Das Dokument muss vor dem Zugriff Unberechtigter und damit vor Verfälschung geschützt werden.
- Das Dokument muss jederzeit lesbar gemacht werden können. Das bedeutet kontinuierliche Aktualisierung des Systems.

Tatsächlich werden in großen Unternehmen hauptsächlich die kaufmännischen Massenbelege der Buchhaltung elektronisch archiviert.

Wenn Schriftform gesetzlich vorgeschrieben ist

Die elektronische Signatur ist die Unterschrift der Informationsgesellschaft. Allerdings ist die rechtliche Lage noch nicht eindeutig geklärt, denn das Bürgerliche Gesetzbuch schreibt in § 126 Abs. 1 BGB vor: „*Ist durch Gesetz schriftliche Form vorgeschrieben, so muss die Urkunde von dem Aussteller eigenhändig durch Namensunterschrift oder mittels notariell beglaubigten Handzeichens unterzeichnet werden.*"

Die elektronische Unterschrift scheidet also aus, wenn Schriftform gesetzlich vorgeschrieben ist. Die Unterlagen werden dann nur eingescannt, um damit im Netz arbeiten zu können. Die Originalverträge werden aber weiterhin in Papier geführt.

Wenn Schriftform wünschenswert ist

Der bisher übliche Austausch schriftlicher Dokumente ist dadurch gekennzeichnet, dass die Echtheit durch eine Unterschrift bestätigt wird, die eindeutig und nachweisbar einer Person zugeordnet werden kann. Dadurch kann man Änderungen und Fälschungen weitgehend ausschließen.

In den Fällen, wo keine Schriftform vorliegen muss, ist eine elektronische Unterschrift zwar möglich. Inwieweit diese allerdings im Zivilprozess die gleiche Beweiskraft wie eine eigenhändige Unterschrift hat, kann derzeit nicht eindeutig beantwortet werden. Reproduzierte Dokumente aus elektronischen Archivsystemen werden derzeit nicht als Beweis anerkannt.

In Zukunft: die elektronische Signatur

Die elektronische Signatur ersetzt die Unterschrift durch eine Algorithmenkombination, den Hashwert. Zwei Algorithmen ergänzen sich in einer einmaligen Kombination zu einem Algorithmenpaar: Ein Algorithmus, der geheim bleibt, und ein Algorithmus, der öffentlich ist und unter dem der Inhaber identifiziert werden kann. Dieses Algorithmenpaar wird von einer Zertifizierungsstelle erzeugt und in Form einer Chipkarte dem Inhaber verliehen wie beim Online-Banking.
Dieses Sicherheitsprinzip ist durch das deutsche Signaturgesetz 1997 definiert worden und entspricht höchsten Sicherheitsstandards.
Anfang 2001 soll ein neues deutsches Signaturgesetz in Kraft treten, das an die EU Signaturrichtlinie angepasst ist. Es ist vorgesehen, die gesetzliche Schriftform durch eine elektronische Form zu ersetzen.

Grundsätze der elektronischen Archivierung „Code of Practice"

◆

Dr. Ulrich Kampffmeyer und Jörg Rogalla, Grundsätze der elektronischen Archivierung „Code of Practice" zum Einsatz von Dokumenten-Management- und elektronischen Archivsystemen. VOI Verband Optische Informationssysteme e. V. Regionalgruppe Hamburg, 1997
ISBN 3-932898-03-6

Rechtliche Aspekte des elektronischen Dokuments

♦

Dr. Ivo Geis, Ordnungsmäßigkeit und Signaturen.
Messe-Report DMS-Expo 2000 Essen, S. 15–16

Wegweiser zur Signaturverordnung

♦

www. iukdg.de

15 KVP im Büro

Der kontinuierliche Verbesserungsprozess KVP macht vor dem Office nicht Halt. Klaus Bieber hat in seinem Artikel „Kaizen im Office" Unordnung, lange Wege, Überinformation, Wartezeiten und Verschwendung in den Büros ausgemacht. Dagegen setzt er sein Vier-Ebenen-Modell. Nicht willkürlich hier und da mal eine kleine oder größere Veränderung anstoßen, sondern Verbesserungen planvoll und Schritt für Schritt einleiten.

Schritt für Schritt

- Ordnung schaffen
- Standards setzen
- Abläufe optimieren
- Eigenverantwortung stärken

Den kontinuierlichen Verbesserungsprozess in dieser Reihenfolge vorzunehmen, das rät Bieber. Wie sieht das praktisch aus?
Ohne einen ordentlichen Arbeitsplatz läuft nichts. Ordentlich heißt aufgeräumt und sauber (!). Damit fängt der kontinuierliche Verbesserungsprozess an.
Es folgt die planerische Ordnung in Form fester Regeln (Standards) für den Schriftverkehr, die Ablage, die Kommunikation am Telefon, um hier nur einiges zu nennen.

Kaizen im Office

▸
von Klaus Bieter in: Management-Berater 6/2000, S. 32–34

Auf den Standards baut die organisatorische Ordnung auf: Abläufe kontinuierlich verbessern. Eine Fragestellung könnte sein: „Wie wird der

Informationsfluss im Unternehmen übersichtlicher, schneller, schlagkräftiger?
Sind Ordnung und Organisation geregelt, bringt sich der Mensch als Mitarbeiter, als Mitarbeiterin, als Chef, als Chefin, als Kollege, als Kollegin in den kontinuierlichen Verbesserungsprozess ein? Wie können wir Einfallsreichtum, Einsatzfreude, Entscheidungswillen im Unternehmen fördern?

15.1 Erst die Ordnung, dann die Organisation

Aufräumen

Räumen Sie alle Papiere aus Ihren Schubladen, Ablagen, Regalen, Schränken, Taschen und stapeln Sie das auf Ihrem Schreibtisch. Liegt noch etwas auf dem Fensterbrett? An der Pinnwand alte Infos? Und unter dem Tisch?
Wenn Sie alles haben, arbeiten Sie sich durch. Sie tun so, als wäre dieses Sammelsurium soeben per Postexpress bei Ihnen eingegangen. Dazu setzen Sie die Posteingangsroutine aus Kapitel 3 in Gang.

Rückstände managen

- **Tageswert?**
  Sofort Papierkorb
- **Prüfwert?**
  Sofort bearbeiten oder sofort auf Termin legen
- **Platzablage?**
  Sind das dynamische Akten? Vorgänge und wichtige Akten für das Tagesgeschäft? Sofort in die Platzablage einsortieren
- **Bereichsablage?**
  Lebende Akten. Werden hin und wieder gebraucht. Sofort Ablagetermin festlegen

Spaß an Ordnung

Warum laden Sie nicht einmal einige Kollegen oder Kolleginnen ein zu einer Ordnungsparty? Ziel: entrümpeln, Schreibtisch aufräumen, ablegen.
Ich erinnere mich: Das gesamte Büro zog um. Überall wurde gewerkelt und gepackt. Und dann haben wir gemeinsam aussortiert, weggeworfen, Müll geschleppt – und viel gelacht. Es war eine tolle Atmosphäre. Ein wunderbarer Start in eine neue Umgebung.
Warum sich nicht häufiger oder gar regelmäßig zur gemeinsamen Ordnungsparty verabreden? Und ein paar tolle Fotos als Trophäen ans schwarze Brett. Man wird darüber reden.

Wo sind die Unterlagen, nach denen Sie arbeiten?

Standards sind feste Regeln, nach denen Sie arbeiten. „Was ist Ihre Aufgabe? Wo ist das beschrieben?" Fragen, die ein Qualitätsbeauftragter Ihnen stellen könnte. „Wo sind die Unterlagen, nach denen Sie arbeiten?", könnte er weiterfragen. Für die Ablage heißen diese: Aktenplan, Aktenverzeichnis und Schriftgutkatalog. Der Aktenplan enthält die Ordnungsstruktur, nach der Sie ablegen, einschließlich Aktenzeichen. Das Aktenverzeichnis gibt darüber Auskunft, wo die Akten und Ordner stehen (Raum, Schrank, PC), und im Schriftgutkatalog sind die gesetzlichen und betrieblichen Aufbewahrungsfristen festgeschrieben. Wie Sie zu diesen Standards kommen, steht in den Kapiteln 12 Ablage und 13 Dokumentenmanagement.
Weitere Standards können Sie zusammentragen: die Vertretungsregelung, die Einarbeitung neuer Mitarbeiter, das Verhalten im Brandfall usw.

Was könnte besser funktionieren?

Wie zum Beispiel sieht Ihr Tagesablauf im Office aus? Was raubt Ihnen die Zeit? Was behindert Sie? Was klappt überhaupt nicht? Liegt es an den Arbeitsbedingungen im Office? Kein Platz, zu viele Personen im

Raum, keine Tür? Die großen Verbesserungspotentiale im Office liegen vor allem in der Zusammenarbeit. Zusammenarbeit zwischen Chef und Assistenz, aber auch Zusammenarbeit zwischen den Sekretariaten. Bringen Sie zusammen mit Ihren Kolleginnen, Ihren Kollegen und Ihrem Chef, Ihrer Chefin einen Prozess in Gang, der auf Verbesserung der Kooperation abzielt. Machen Sie Qualitätszirkel auf. Besprechen Sie die Situation gemeinsam. Dann finden Sie gemeinsam auch Lösungen.

15.2 Auf dem Weg zum Profi

- Strahlen Sie Ruhe aus?
- Übernehmen Sie gern die Initiative?
- Formulieren Sie kundenorientiert?
- Gestalten Sie Ihre Briefe, E-Mails, Faxe, Berichte, Protokolle fehlerfrei?
- Berücksichtigen Sie die Wünsche der Kollegen?
- Kennen Sie den Geburtstag Ihres Chefs?
- Führen Sie den Terminkalender Ihres Chefs selbstständig?
- Achten Sie auch auf die Einhaltung der Termine des Chefs?
- Wird Ihre Arbeit wertgeschätzt?
- Werden Sie ab und zu gelobt?
- Kooperieren Sie?
- Wissen Sie abends, was Sie getan haben?

Können Sie zehn bis zwölf dieser Fragen mit „ja" beantworten? Gratuliere, Sie sind Profi!

Können Sie weniger als zehn dieser Fragen mit „ja" beantworten? Gratuliere, Sie sind auf dem Weg zum Profi!

16 Freude an der Arbeit

Darf denn Arbeit Freude machen? Ja, sie darf! Ohne Freude erreichen Sie nichts Großes. Freude fürs Leben und Pflicht für den Job, das ist out. Arbeit und Leben gehören zusammen, denn unsere Arbeit verlangt von uns viel an Können, an Kompetenz, an Initiative, an Verantwortung.
Freude an oder Spaß bei der Arbeit? Der Spaßfaktor ist nicht zu unterschätzen. Jacqueline Rieger führt überzeugend aus, warum Arbeit und Spaß zusammengehören. In vielen Beispielen initiiert Sie Spaß, um Gewohnheit und Eintönigkeit zu überwinden. Wenn ich von Freude an der Arbeit spreche, meine ich die innere Zufriedenheit, die damit einhergeht, das Richtige zu tun und damit Erfolg zu haben.
Damit Ihre Freude an der Arbeit wächst, können Sie einiges tun:

Freude an der Arbeit pflegen

- *Beherrschen Sie Ihr Fach meisterhaft*
  Befähigung erzeugt Zuversicht. Zuversicht erzeugt Selbstsicherheit. Selbstsicherheit erzeugt Entschlossenheit. Bilden Sie sich also weiter, suchen Sie sich interessante Aufgabengebiete. Werden Sie Spezialist oder Spezialistin für ... Es macht unheimlich Spaß, gut zu sein.

- *Suchen Sie sich kompetente Partner und Gleichgesinnte*
  Nehmen Sie Kontakt zu Partnern auf, die angenehme und anregende Gesprächspartner für Ihre Anliegen sein könnten. Gute Gesprächssituationen und Kooperationen zeichnen sich aus durch Kreativität, Lernerfolge, auch Spaß und – sehr gute Ergebnisse.

- *Probieren Sie Neues aus*
  Erfinden Sie etwas. Denken Sie mit. Machen Sie Vorschläge. Entdecken Sie Besonderheiten. Erfinden Sie eine Strategie gegen langweilige Aufgaben. Aber lässt die Kultur des Unternehmens das auch zu? Dürfen Sie überhaupt kompetent, eigenständig, verantwortungs-

bewusst, erfolgreich arbeiten? Haben Sie den Freiraum, auch einmal einen Fehler zu machen?

- *Feiern Sie Ihre Erfolge*
  Feiern Sie den termingerechten Abschluss einer umfangreichen Arbeit, ein erfolgreiches Gespräch, einen konstruktiven Beitrag. Suchen Sie Gründe zum Feiern. Belohnen Sie sich für gute Arbeit. Ein bisschen stolz auf sich und Ihre Leistungen dürfen Sie schon sein.

Arbeitshilfen

Aufgabenliste

ABC	Aufgaben	Beginn	Ende	Wie lange?	OK ✓

Störprotokoll

Unterbrecher	Uhrzeit	Dauer	Anlass

Meine Störzeiten

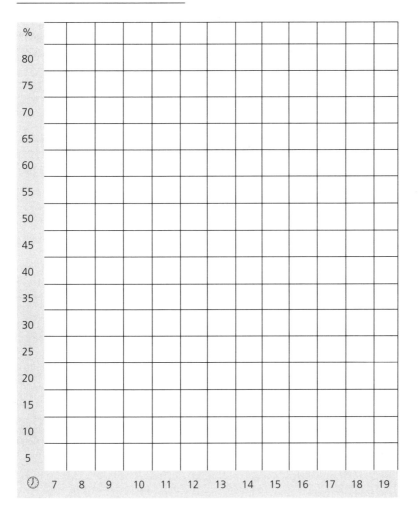

Meine Erfolgsaufgaben

Tätigkeiten und Aufgaben	wenig Aufwand, viel Erfolg	viel Aufwand, wenig Erfolg

Wo bleibt meine Arbeitszeit?

Angaben in % der wöchentlichen Arbeitszeit	Woche 1	Woche 1	Woche 3
Posteingang Postausgang			
Schriftwechsel Briefe, E-Mails, Faxe			
Telefon			
Kontakte intern zu Chef, Kollegen, Mitarbeitern			
Infos beschaffen und lesen			
Sitzungen, Meetings, Konferenzen incl. Vor- und Nachbearbeitung (Protokolle)			
Planung und Organisation (Reisen, Besuche, Tagesplan)			
Sachbearbeitung (Reisekostenabrechnungen, Redaktion, Materialbeschaffung)			
Arbeitszeit ohne Störungen (Ergebnisse des Störprotokolls abziehen)			
Arbeitszeit mit Störungen	100 %	100 %	100 %

Planung von internen Veranstaltungen

Sitzung, Meeting, Konferenz, Workshop, Besprechung, Versammlung	Begonnen am:	Beendet am:	OK ✓
Start			
Teilnehmer ausgewählt?			
Beteiligte informiert?			
Vorsitz geklärt?			
Thema abgesprochen?			
Tagesordnung abgestimmt?			
Datum, Uhrzeit, Dauer festgelegt?			
Ort, Raum gebucht?			
Unterlagen vorbereitet?			
Einladung mit Tagesordnung verteilt?			
Technik, Ausstattung geprüft?			
Bewirtung geklärt?			
Ende			

Muster-Aktenplan

0 Leitung

0-0 Gründung
0-00 Gesellschafts-
      verträge
0-01 Handelsregister
0-02 Schriftwechsel mit
      Gesellschaftern
      (nach Datum)

0-1 Führung
0-10 Geschäftsleitung
0-11 Protokolle GL
0-12 Schriftwechsel GL
      (nach Datum)
0-13 Vollmachten
0-14 Personalakten GL

0-2 Team
0-20 Protokolle Team
      (nach Datum)
0-21 Arbeitsaufträge
      Team

0-3 Partner
0-30 Partnerschaften,
      Kooperationen
      (nach ABC)

0-4 Mitgliedschaften
0-40 Verbände

**0-5 Geschäfts-
       berichte**
0-50 Geschäftsberichte
      mit Bilanzen
      (nach Jahren)

0-6 Archiv
0-60 Chronik
0-61 Archiv

1 Verwaltung

1-0 Büro
1-00 Mietvertrag
1-01 Nebenkosten
1-02 Instandhaltung
1-03 Schlüsselplan
1-04 Schriftwechsel mit
      der Haus-
      verwaltung
      (nach Datum)
1-05 Ausstattung
      Übersicht
1-06 Räume, neue

1-1 Organisation
1-10 Aufbau- und
      Ablauforganisation
1-11 Schriftgut-
      verwaltung:
      Aktenplan,
      Aktenverzeichnis,
      Schriftgutkatalog
1-12 Vordrucke,
      Formulare der
      Verwaltung
1-13 Disketten-, CD und
      DVD-Verzeichnis
      (nach Sachgebiet,
      und/oder nume-
      risch)
1-14 Handbücher
      Fon, Fax, E-Mail
      (im Regal liegend)
1-15 Handbücher EDV
      (in Stehsammlern)

1-2 Versicherung
1-20 Betriebs-
      versicherung
1-21 Feuerversicherung
1-22 Einbruchs-
      versicherung
1-23 Haftpflicht-
      Versicherung
1-24 Kfz-Versicherung
1-25 Versicherungen,
      andere

1-3 Recht
1-30 Rechts-
      angelegenheiten,
      allgemeine
      HGB, BGB
1-31 Patentrecht
1-32 Gebrauchsmuster,
      Warenzeichen
1-33 Lizenzen
1-34 Erfindungen

1-4 Zeitschriften
1-40 Abonnements
      Übersicht
1-41 Zeitschriften
      Dokumentation
      (in Stehsammlern)
1-42 Presse
      Ausschnitte

2 Finanzen

2-0 Bank
2-00 Schriftwechsel
      Bank 1
      (nach Datum)
2-01 Schriftwechsel
      Bank 2
      (nach Datum)
2-02 Daueraufträge,
      Einzugs-
      ermächtigungen
2-03 Kredite,
      Sicherheiten

2-1 Finanzamt
- 2-10 Schriftwechsel Finanzamt (nach Datum)
- 2-11 Umsatzsteuer
- 2-12 Körperschaftssteuer

2-2 Steuerberater
- 2-20 Schriftwechsel Steuerberater (nach Datum)
- 2-21 Buchungsanweisungen, Kontenplan
- 2-22 Buchprüfungen

2-3 Buchungsbelege
- 2-30 Rechnungen an Kunden
- 2-31 Rechnungen von Lieferanten
- 2-32 Kontoauszüge, Zahlungen
- 2-33 Belege, sortiert (nach Datum, kaufmännisch)
- 2-34 Kasse

2-4 Budget
- 2-40 Finanz- und Investitionsplan
- 2-41 Leasingverträge
- 2-42 Bürgschaften

2-5 Abschluss
- 2-50 Monatsabschlüsse
- 2-51 Inventur
- 2-52 Anlagenspiegel

3 Personal

3-0 Arbeitsrecht, Sozialversicherung
- 3-00 Tarife, Richtlinien (Arbeitszeit, Überstunden, Urlaub)
- 3-01 Reisekosten Richtlinien
- 3-02 Gewerbeaufsichtsamt
- 3-03 Krankenkassen
- 3-04 Berufsgenossenschaft
- 3-05 Arbeitsamt Abrechnung
- 3-06 BfA
- 3-07 Rechtsangelegenheiten Personal
- 3-08 Schwerbeschädigtenabgabe

3-1 Leistungen, betrieblich
- 3-10 Einrichtungen, betriebliche (Kindergarten, Kantine)
- 3-11 Veranstaltungen, betriebliche (Betriebsausflug)
- 3-12 Weihnachtsgeld, Urlaubsgeld
- 3-13 Darlehen, Vorschüsse
- 3-14 Geschenke an MA zu Geburtstagen und Jubiläen
- 3-15 Prämien, Tantiemen
- 3-16 Altersversorgung, betriebliche
- 3-17 Fortbildung

3-2 Personalbeschaffung
- 3-20 Stellenausschreibungen
- 3-21 Bewerbungen
- 3-22 Bewerber Beurteilungen
- 3.23 Inserate
- 3-24 Zeitarbeit
- 3-25 Arbeitsamt Personalbeschaffung

3-3 Mitarbeiter
- 3-30 Personalakten Mitarbeiter (Einzelakte je MA Hängeregistratur)
- 3-31 Personalakten Praktikanten (eine Akte je Praktikant, Hängeregistratur)
- 3-32 Mitarbeiter, ehemalig Schriftwechsel, Rechtsangelegenheiten (nach ABC)

3-4 Gehälter
- 3-40 Gehälter Übersichten
- 3-41 Lohnkonten (nach Mitarbeitern)
- 3-42 Lohnsteuer, Kirchensteuer
- 3-43 Vermögenswirksame Leistungen
- 3-44 Entgeltfortzahlung
- 3-45 Pfändungen

3-5 Statistik
- 3-50 Statistik Personal

4 Einkauf

4-0 Einkauf
- 4-00 Bedarfsmeldung

4-01 Bestellungen
4-010 Büroeinrichtungen
4-011 EDV-Anlagen
4-012 Betriebsmittel, Bürobedarf
4-02 Lieferscheine

4-1 Einkauf DOKU
4-10 Preislisten, Kataloge (mit Verfalldatum in Stehsammlern)

4-2 Lieferanten
4-20 Einkaufsrichtlinien,
4-21 Bezugsquellennachweis (nach Sachgebieten)
4-22 Lieferverträge (nach Sachgebiet und ABC – Verweis)
4-24 Schriftwechsel Lieferanten (nach ABC oder numerisch)

4-3 Dienstleitungen, fremde
4-30 Beratung

4-4 Statistik
4-40 Statistik Einkauf

5 Projekt

5-0 Konzept
5-00 Konzeptentwürfe

6 frei

7 frei

8 Vertrieb

8-0 Strategie
8-00 Marktziele
8-01 Marketingkonzept PC

8-1 Preisgestaltung
8-10 Kalkulationen, Preislisten
8-11 Verkaufs- und Zahlungsbedingungen

8-2 Akquisition
8-20 Akquisition Ansprechpartner
8-21 Kundenkontakte, neue

8-3 Anfragen, Angebote
8-30 Anfragen, Angebote (nach ABC oder Datum)

8-4 Kunden
8-40 Kundenadressen
8-41 Aufträge (Einzelakte je Kunde, Hängeregistratur)
8-42 Schriftwechsel]allgemein (nach ABC oder numerisch)

8-5 After Sale
8-50 Kunden-Nachbetreuung (nach ABC)

8-6 Statistik
8-60 Statistik Verkauf

9 Öffentlichkeit

9-0 Kontakte FFF, Presse
9-00 Kontaktadressen (evtl. Kartei nach Bereichen, dann ABC)
9-01 Kontakte Film, Funk, Fernsehen (nach Bereichen)
9-02 Kontakte Presse EM (nach ABC)
9-03 Kontakte Behörden (nach ABC)

9-1 Druckwerke, eigene
9-10 Prospekte, eigene
9-11 Pressemappen, eigene
9-12 Media-Material, eigenes (Video, Audio CD, DVD)

9-2 Marktbeobachtung
9-20 Marktbeobachtung Trends
9-21 Marktbeobachtung Mitbewerber
9-22 Martkbeobachtung Analysen

Muster-Aktenplan – *Alphabetisch*

Ablauforganisation	1-10	Einzugsermächtigungen	2-02
Akquisition Ansprechpartner	8-20	Entgeltfortzahlung	3-44
Aktenplan	1-11	Erfindungen	1-34
Aktenverzeichnis	1-11	Feuerversicherung	1-21
Altersversorgung, betriebliche	3-16	Finanzpläne	2-40
Anfragen	8-30	Formulare Verwaltung	1-12
Angebote	8-30	Fortbildung	3-17
Anlagenspiegel	2-52	Gebrauchsmuster	1-32
Arbeitsamt Personalbeschaffung	3-25	Gehälter Übersichten	3-40
Arbeitsamt Abrechnung	3-05	Geschäftsberichte	0-50
Arbeitsaufträge Team	0-21	Geschäftsleitung	0-10
Archiv	0-61	Geschenke an MA	3-14
Aufbauorganisation	1-10	Gesellschaftsverträge	0-00
Aufträge	8-41	Gewerbeaufsichtsamt	3-02
Ausstattung Übersicht	1-05	Haftpflichtversicherung	1-23
Bedarfsmeldung	4-00	Handbücher EDV	1-15
Belege, sortiert	2-33	Handbücher Fon, Fax, E-Mail	1-14
Beratung	4-30	Handelsregister	0-01
Berufsgenossenschaft	3-04	Inserate	3.23
Bestellungen	4-01	Instandhaltung	1-02
Betriebsmittel Bestellungen	4-012	Inventur	2-51
Betriebsversicherung	1-20	Investitionspläne	2-40
Bewerber Beurteilungen	3-22	Kalkulationen	8-10
Bewerbungen	3-21	Kasse	2-34
Bezugsquellennachweis	4-21	Kataloge Einkauf	4-10
BfA	3-06	Kfz-Versicherung	1-24
Bilanzen	0-50	Kirchensteuer	3-42
Buchprüfungen	2-22	Kontaktadressen	9-00
Buchungsanweisungen	2-21	Kontakte Behörden	9-03
Bürgschaften	2-42	Kontakte Film, Funk, Fernsehen	9-01
Bürobedarf Bestellungen	4-012	Kontakte Presse	9-02 EM
Büroeinrichtungen Bestellungen	4-010	Kontenplan	2-21
CD Verzeichnis	1-13	Kontoauszüge	2-32
Chronik	0-60	Konzeptentwürfe	5-00
Darlehen	3-13	Kooperationen	0-30
Daueraufträge	2-02	Körperschaftssteuer	2-12
Diskettenverzeichnis	1-13	Krankenkassen	3-03
DVD-Verzeichnis	1-13	Kredite	2-03
EDV-Anlagen Bestellungen	4-011	Kunden Nachbetreuung	8-50
Einbruchsversicherung	1-22	Kundenadressen	8-40
Einkaufsrichtlinien	4-20	Kundenkontakte, neue	8-21
Einrichtungen, betriebliche	3-10	Leasingverträge	2-41

Lieferscheine	4-02
Lieferverträge	4-22
Lizenzen	1-33
Lohnkonten	3-41
Lohnsteuer	3-42
Marketingkonzept	8-01 PC
Marktbeobachtung	9-22
Marktbeobachtung Mitbewerber	9-21
Marktbeobachtung Trends	9-20
Marktziele	8-00
Media-Material, eigenes	9-12
Mietvertrag	1-00
Mitarbeiter, ehemalige	3-32
Monatsabschlüsse	2-50
Nebenkosten	1-01
Partnerschaften	0-30
Patentrecht	1-31
Personalakten GL	0-14
Personalakten Mitarbeiter	3-30
Personalakten Praktikanten	3-31
Pfändungen	3-45
Prämien an Mitarbeiter	3-15
Preislisten Einkauf	4-10
Preislisten Verkauf	8-10
Presse Ausschnitte	1-42
Pressemappen, eigene	9-11
Prospekte, eigene	9-10
Protokolle GL	0-11
Protokolle Team	0-20
Räume, neue	1-06
Rechnungen an Kunden	2-30
Rechnungen von Lieferanten	2-31
Rechtsangelegenheiten HGB BGB	1-30
Rechtsangelegenheiten Personal	3-07
Reisekostenrichtlinien	3-01
Schlüsselplan	1-03
Schriftgutkatalog	1-11
Schriftwechsel Bank 1	2-00
Schriftwechsel Bank 2	2-01
Schriftwechsel Finanzamt	2-10
Schriftwechsel Gesellschafter	0-02
Schriftwechsel GL	0-12
Schriftwechsel Hausverwaltung	1-04
Schriftwechsel Kunden	8-42
Schriftwechsel Lieferanten	4-24
Schriftwechsel Steuerberater	2-20
Schwerbeschädigtenabgabe	3-08
Sicherheiten	2-03
Statistik Einkauf	4-40
Statistik Personal	3-50
Statistik Verkauf	8-60
Stellenausschreibungen	3-20
Tantiemen	3-15
Tarife Arbeitszeit	3-00
Tarife Überstunden	3-00
Tarife Urlaub	3-00
Umsatzsteuer	2-11
Urlaubsgeld	3-12
Veranstaltungen, betrieblich	3-11
Verbände	0-40
Verkaufsbedingungen	8-11
Vermögenswirksame Leistungen	3-43
Versicherungen, andere	1-26
Vollmachten	0-13
Vordrucke Verwaltung	1-12
Vorschüsse	3-13
Warenzeichen	1-32
Weihnachtsgeld	3-12
Zahlungen	2-32
Zahlungsbedingungen	8-11
Zeitarbeit	3-24
Zeitschriften Abonnements	1-40
Zeitschriften Dokumentation	1-41

Literatur

Bungert, Gerhard Einfach gut schreiben
Texte für Werbung, Korrespondenz und Öffentlichkeitsarbeit
Heyne Business, 1997

Covey, Stephen R. Die sieben Wege zur Effektivität
Ein Konzept zur Meisterung Ihres beruflichen und privaten Lebens
Heyne Campus, 1999

Dittmann, Jürgen Die neue Rechtschreibung
STS Taschenguide, 1999

Ernst, Walburg Finden statt Suchen
Vom Papier zur elektronischen Ablage
Ueberreuter, 1999

Flynn, Nancy und Tom Professionelle E-Mails
Ueberreuter, 1999

Graf-Götz, Friedrich/ Glatz, Hans Organisation gestalten
Neue Wege und Konzepte für Organisationsentwicklung und Selbstmanagement
Beltz, 1999

Gulbins, J./ Seyfried, M./ Strack-Zimmermann, H. Dokumenten-Management
Vom Imaging zum Business-Dokument
Springer, 1999

Koch, Richard Das 80/20 Prinzip
Mehr Erfolg mit weniger Aufwand
Campus, 1998

Rieger, Jacqueline	Der Spaßfaktor Warum Arbeit und Spaß zusammengehören Gabal, 1999
Schnetzer, Ronald	Workflow-Management Kompakt und verständlich Gabler Vieweg, 1999
Seiwert, Lothar J.	Das 1x1 des Zeitmanagement Zeit im Griff, Ziele in Balance, Erfolg mit Methode Gabal, 1996
Seiwert, Lothar J.	Wenn Du es eilig hast, gehe langsam Das neue Zeitmanagement Campus, 2000
Sturtz, Peter	Perfekte Geschäftsbriefe WRS, 1999

Register

Symbole

80/20-Prinzip 77

A

Ablagekörbchen 18
Ablageregeln 134, 135
Ablaufroutinen 152
Akten 15, 51, 54, 107, 154, 163
Aktenplan 129, 131, 132, 133, 134, 136, 163, 173, 176
Aktenplan-EDV 138, 139, 140
Aktenübersicht 129, 130
Aktenvernichtung 127
Aktenverzeichnis 135, 163
Aktivitäten 37, 57, 58
Alpenmethode 38, 39, 41, 42, 43, 45
alphabetische Ordnung 116, 117
Altablage 14, 15, 16
Arbeitsende 89
Archiv 14, 15, 16
Aufbewahrungsfristen 121
Aufgaben 27, 38, 39, 44, 45, 46, 48, 57, 61, 63, 64
Aufgaben aufschieben 81
Aufgaben bündeln 62, 71, 87

Aufgaben mit Termin 50
Aufgabenliste 40, 44, 46, 50, 54, 57, 62, 80, 85, 167
Aufgabenplanung 35
Aufgabenprotokoll 43, 55
Aufräumen 162

B

Bereichsablage 14, 15, 16, 162
Besucher 33, 34
Bildschirmarbeitsplatz 19
Bildschirmarbeitsplatzverordnung 18, 19
Buchungsbelege 123
Büro der Zukunft 22

C

Caddy 21, 23
Chef 35, 43, 62, 67, 72, 73, 74, 75, 79, 93, 164
Chef entlasten 93
Chefentlastung 35
Chefgespräch 99

D

Dokumentenmerkmale 144

dynamische Akten 15
dynamischer Arbeitsbereich 13, 14
dynamischer Bereich 15

E

E-Mail 28, 29, 30, 71, 87
Einstellmappen 53, 54, 108, 109
Einzelakte 111
elektronische Signatur 159
elektronische Unterschrift 158
elektronischer Postkorb 143
ewigen Akten 15

F

Feed-back 76, 99
formulieren 102, 103, 104

G

Gegenpole zur Arbeit 82, 83
Gesprächsklima 96

H

Hängeregistratur 19, 52, 108, 111, 116
Historie 49, 145, 155

I

Inhaltsverzeichnis 112

J

Jahresplaner 50, 58

K

Kollegen 67, 72, 73, 90
Konzentration 70

L

lebende Akten 15
Lesen 26, 27
Logische Kopie 145

M

mobiles Büro 20

N

Nachkontrolle 39, 45, 46

O

Ordner 107, 112, 113, 118, 119, 163
Ordner und Akten 131
Ordnerrücken 113, 114
Ordnung 161, 163
Ordnung nach Nummern 115, 116
Ordnung nach Stichworten 118
Ordnung nach Zeit 114
Organisationshandbuch 90, 91, 92, 135

P

Papierablage 137
Pausen 88, 98
PC-Ablage 137
Perfektion 79
Perfektionismus 82
Planung von internen Veranstaltungen 172
Platzablage 13, 15, 16, 18, 162
Postbesprechung 26
Prioritäten 38, 39, 43, 44, 45, 47, 48, 50, 55, 58, 59, 61, 75, 81, 84
Protokoll 98
Prüfwert 26, 27, 162
Pufferzeiten 39, 42, 43, 50, 81, 96
Pultordner 52, 54
Pünktlichkeit 97

Q

Qualität 13

R

Reflexion 80, 81
Regelmäßige Termine 32, 33

S

Sammelakte 111
Schreibtisch 16, 17, 19, 20, 21, 22, 23
Schriftgutkatalog 124, 125, 163
Schwachstellen 43, 68, 69
Selbstmanagement 79, 85
Seminarverwaltung 110, 116
Sprach-Box 71
Standards 161, 163
statischer Arbeitsbereich 14, 15
stille Stunde 70, 71, 86
Störprotokoll 67, 68, 69, 168
Störzeiten 68, 169

T

Tagesablauf 70, 89, 163
Tagesordnung 95, 98
Tagesplan 46, 47, 48, 55, 80, 84, 85
Tageswert 25, 162
Teamwork 72
Telefon 67, 71, 87, 88
Termin 27, 31, 32, 33, 34, 35, 36, 38, 39, 46, 48, 49, 57, 63, 64
Terminabstimmung 35
Terminhoheit 35
Terminkalender 31, 32, 33, 34, 35, 36, 54
To-do-Liste 37, 57
tote Akten 15

U

Unterbrechungen 68

V

Vertretung 90
Vorgang 13, 18, 50, 51, 54, 55, 110, 111, 122, 154, 156, 157

W

Wegwerffrist 25
Wiedervorlage 16, 51, 52, 54, 55, 63
Wochenplan 55, 83, 84

Z

Zeitbedarf 41, 46, 50, 55, 81
Zeitrahmen 41
Zeitschriften 27
Zusammenarbeit 76, 164
zwei Terminkalender 35